AF223567

Teoría de la Transformación: Humano Holográfico

Janey Marvin

Teoría de la Transformación: Humano Holográfico

Copyright © 2016 por Janey Marvin.

Tapa blanda ISBN: 978-1-63812-192-3
Tapa dura ISBN: 978-1-63812-194-7
Ebook ISBN: 978-1-63812-193-0

Todos los derechos reservados Ninguna parte de este libro puede ser producida y transmitida en cualquier forma o por cualquier medio, electrónico o mecánico, incluyendo fotocopias, grabaciones o por cualquier sistema de almacenamiento y recuperación de información, sin el permiso por escrito del propietario de los derechos de autor.

Los puntos de vista expresados en este trabajo son únicamente los del autor y no reflejan necesariamente los puntos de vista de la editorial que por la presente renuncia a cualquier responsabilidad por ellos.

Publicado por Pen Culture Solutions   02/13/2022

Pen Culture Solutions
1-888-727-7204 (USA)
1-800-950-458 (Australia)
support@penculturesolutions.com

TEORIA DE LA TRANSFORMACIÓN HUMANA HOLOGRÁFICO

En El Principio Era "La Palabra". Los seres humanos experimentan su vida mortal principalmente a través de sus sentidos humanos. El cerebro humano procesa las experiencias sensoriales y los seres humanos expresan esta experiencia muchas veces en palabras. Cada palabra del lenguaje humano hace referencia a uno o más de los sentidos humanos.

Haciendo Equipo Con Posibilidades Ilimitadas

De Las Cuales Eres Una.

Las palabras no son la única forma que tenemos de comunicarnos con otras personas y con nuestro entorno. Nuestra posición corporal, movimientos y gestos también comunicarán algo, de manera más honesta y abierta que las palabras.

Cuanto más miras a la Física Cuántica, más misteriosos y maravillosos nos volvemos. Tener una comprensión de los más pequeños incrementos de todo nuestro ser y sus relaciones entre sí y de sí mismo puede aumentar tu capacidad de Conocerte a Ti Mismo. La física cuántica con la Teoría de la Transformación Humana Holográfica subdivide nuestro ser interior dándonos numerosos procesos de transferencia y transformación del yo. Sánate a Ti Mismo.

La Física Cuántica científicamente hablando es la física de las posibilidades. Como seres humanos, nuestro potencial ya es ilimitado, la capacidad del cerebro humano nunca ha sido conseguida ni duplicada por completo. Cualquiera que sea la pregunta, siempre hay una respuesta, incluso nuestra capacidad de imaginar es ilimitada. Cualquier cosa que podamos imaginar, la podemos hacer.

Hay Preguntas. Son Preguntas sobre cómo se siente el mundo para nosotros y si existe una diferencia entre cómo nos sentimos el mundo y cómo es realmente. ¿Qué es la realidad? ¿Qué es real? ¿Hay alguna diferencia entre la realidad y nuestra propia imaginación?

¿Existe algún proceso de reconocimiento de lo real o lo imaginario? ¿Cómo es que sabemos algo? ¿Jugamos algún papel sobre nuestra realidad y lo que es real? ¿Solo somos observadores de nuestra experiencia de vida?

¿Alguna vez te has puesto a pensar de qué están hechos los pensamientos? ¿Nuestros pensamientos tienen un propósito mayor de lo que podríamos haber imaginado? Nuestros pensamientos provienen de nuestro propio programa/modelo subconsciente, pero ¿cómo se agrupan en secuencias organizadas a las que les podemos dar algún sentido?

Creo que algunas de las cosas que estamos viendo con los niños hoy en día son una señal de que la cultura está en el paradigma incorrecto y no eres directamente responsable. No da respuestas claras y reconfortantes. Sabemos las respuestas, las hemos sabido desde hace siglos. El mundo exterior es holográfico de nuestro mundo interior y conocemos el funcionamiento de nuestro mundo interior. El mundo interior es holográfico de nuestro mundo exterior, de hecho, pueden ser codependientes entre sí, o pueden trabajar juntos interrelacionándose, de manera interdependiente.

El mundo que te rodea refleja el mundo real dentro de ti y el mundo dentro de ti crea el mundo que te rodea. La Teoría de la Transformación Humana Holográfica se basa en los sistemas del cuerpo, sus funciones, la correspondencia entre sí y las leyes de la física cuántica.

Dice, sí, que el mundo es un lugar muy grande, es muy misterioso. No voy a decirte cuál es la respuesta porque tienes la edad suficiente para decidir esto por ti mismo. Solo estoy compartiendo contigo algunos de mis conocimientos sobre física cuántica y la Teoría de la Transformación Humana Holográfica.

¿Todos son un misterio? ¿Todos son un enigma? Ciertamente lo son en su mayoría.

Hacerte estas profundas preguntas abre nuevas formas de estar en el mundo, trae una bocanada de aire fresco. Hace la vida más alegre. El verdadero truco de la vida es no estar en lo conocido, sino estar en el misterio. Hasta que no te familiarizas con el misterio, todo puede parecer misterioso. Así como el potencial real está en el "intermedio", el conocimiento real está en el "misterio".

¿Por qué seguimos creando la misma realidad? ¿Por qué seguimos teniendo las mismas relaciones? ¿Por qué seguimos teniendo el mismo trabajo una y otra vez con los mismos resultados? En este mar infinito de posibilidades que existe a nuestro alrededor, ¿cómo es que seguimos recreando las mismas realidades? ¿No es sorprendente que tengamos opciones y potenciales que existen pero no los conocemos? ¿Es posible que estemos tan condicionados a nuestra vida diaria, tan condicionados a la forma en que creamos nuestras vidas que compramos la idea de que no tenemos ningún control en absoluto? Nos han condicionado a creer que el mundo exterior es más real que el mundo interior. El modelo de física de la ciencia dice todo lo contrario, dice que lo que está ocurriendo dentro de nosotros creará lo que está ocurriendo fuera de nosotros. La Teoría de la Transformación Humana Holográfica explica las funciones cuánticas del yo interior y te muestra las formas de identificarlas en el yo exterior. No solo a través de tus experiencias de vida, a través de las palabras que usas, la forma en que te mueves y la posición de tu cuerpo. Todo esto es un mapa universal del yo interior igual de persona a persona. Sin importar tu edad, cultura o creencias. Todos estamos compuestos por los mismos órganos y sistemas corporales y todos funcionan juntos para convertirnos en un ser completo.

Existe una realidad física que es absolutamente sólida como una roca y, sin embargo, solo surge cuando choca contra alguna otra parte de la realidad física. Esa otra parte puede que seamos nosotros y, por supuesto, somos partidarios de esos momentos, pero tampoco tiene por qué serlo. Sabes que podría ser solo una roca imprevista que viene volando e interactúa con esta masa de cosas y, efectivamente, la provoca en un estado particular de existencia.

Esto hizo que los científicos retrocedieran y se hicieran esta pregunta. Entonces, ¿quién ve en ese momento? ¿Ve el cerebro o ven los ojos? ¿Y cuál es la realidad? ¿La realidad es lo que estamos viendo con nuestro cerebro o lo que estamos viendo con nuestros ojos? Y la verdad es que el cerebro no sabe la diferencia entre lo que vemos en nuestro entorno y lo que recuerda porque se activan las mismas redes neuronales específicas. Entonces, tenemos que hacernos la pregunta, ¿qué es la realidad? ¿Tenemos que ser bombardeados por una masa de impacto físico para reconocer nuestro estado de existencia? ¿Cuál es nuestro verdadero estado de existencia, el que estamos cuando somos golpeados o lo que pensamos que era real antes de ser golpeados? ¿Por qué es que solo somos afectados o cambiados por una cosa cuando nos volvemos conscientes de ella? ¿Somos capaces de conocer a un nivel consciente sin tener que experimentar el impacto físico de nuestra realidad?

Somos bombardeados por grandes cantidades de información y esta entra en nuestros cuerpos y la procesamos, entrando a través de nuestros órganos sensoriales y se propaga hacia arriba y hacia abajo y en cada paso eliminamos información, amplificándola y generalizándola. Finalmente, lo que burbujea hasta la conciencia es lo que es más aprovechable. El cerebro procesa 400 mil millones de bits de información por segundo, pero solo somos conscientes de 2000 de esos bits. Nuestra conciencia de esos 2000 bits de información se refiere solo al medio ambiente, nuestro cuerpo y el tiempo.

Vivimos en un mundo donde todo lo que vemos es la punta del iceberg, la clásica punta de un inmenso iceberg de mecánica cuántica.

Si el cerebro procesa 400 mil millones de bits de información y nuestra conciencia solo obtiene 2000, eso significa que la realidad ocurre en el cerebro todo el tiempo. Está recibiendo esa información, pero no la hemos "integrado" aun.

Los ojos son como la lente. Pero la cinta que realmente ve es la parte posterior del cerebro. Se le llama corteza visual. Es como una cámara y su tarjeta. ¿Sabías que el cerebro calcula lo que tiene la capacidad de ver? Una cámara ve mucho más de lo que hay porque no tiene objeciones ni juicios, la única película que se reproduce en el cerebro es lo que podemos ver. Entonces, ¿es posible que nuestros ojos, nuestra cámara, vean más de lo que nuestro cerebro tiene la capacidad de proyectar conscientemente?

Por la forma en que nuestro cerebro está conectado solo vemos lo que creemos que es posible. Emparejamos patrones que ya existen dentro de nosotros mismos a través del condicionamiento.

Creamos la realidad. Somos máquinas productoras de realidad. Creamos los efectos de la realidad todo el tiempo. Siempre percibimos algo después de reflejarlo en el espejo del significado.

Tu cerebro no sabe la diferencia entre lo que está sucediendo afuera y lo que está sucediendo en él.

No hay un "ahí fuera", "ahí fuera" depende de lo que está sucediendo aquí (en nuestro cerebro).

En realidad, hay opciones en la dirección de cómo puede ir una vida, que dependen de que no se eliminen los pequeños niveles de efectos cuánticos. La Teoría de la Transformación Humana Holográfica identifica cada sistema corporal y los aspectos cuánticos de microsegundos para reconocer el cambio.

Contents

Capítulo 1

PROCESO DE PENSAMIENTO DE LOS SENTIDOS HUMANOS Y EL LENGUAJE CORPORAL

Todo lo hecho por el hombre viene con un libro de instrucciones, con ilustraciones y diagramas que te muestran las funciones de cada parte y la forma de operarlo o utilizarlo. No todos necesitan ver los diagramas y leer las instrucciones, algunos de nosotros tenemos la habilidad natural de simplemente tomar algo, mirarlo y operarlo o incluso arreglarlo o repararlo.

Los Seres Humanos son Seres holográficos, cada parte individual, incluso una pequeña célula, tiene un diagrama con instrucciones incorporadas para todo el ser. Somos tridimensionales y cada dimensión individual es en sí misma también tridimensional. Cada dimensión de nuestro ser también es multidimensional. Nuestras palabras y nuestros gestos se reflejan y se representan entre sí, no hace falta escuchar las palabras que alguien que está hablando para saber de qué está hablando. El solo hecho de observar la posición y los gestos de su cuerpo también expresan todo lo que la persona está diciendo y todo lo que está pensando.

Cada ser humano sabe mucho más de lo que sabe que sabe. El cuerpo humano con cada órgano, sistema, dimensión, campo, aspecto se comunica con cada parte de todo nuestro ser. No es coincidencia cuando estás simplemente pensando en alguien o en algo y sucede que te llega a la realidad en poco tiempo. Te llaman o te encuentras con ellos. No es un accidente que simplemente hagas o no hagas una acción determinada en un momento determinado y salves tu vida o la dirijas en una dirección distinta simplemente por casualidad. No, no es casualidad, cada parte de tu ser conoce todas las demás partes de tu ser y cada parte del ser de los demás.

Estas no son solo funciones conscientes comunicándose con cada parte de nuestro ser. Cada función subconsciente dentro de nosotros se comunica con otras funciones subconscientes. La Teoría de la Transformación Humana Holográfica tiene mapas Humanos Holográficos para poder leer nuestros aspectos cuánticos de nuestro yo interior (nuestro cerebro subconsciente).

Cada aspecto del ser humano contiene un Holograma de la totalidad del ser humano, las micro piezas incluso contienen la totalidad del ser humano. Todo ser humano es un Oráculo, sin gases. Sabemos lo que está bien y lo que está mal, no solo hablando en términos de cuestiones morales, sino hablando de todos los aspectos de una vida, de tu vida. Ir en una determinada dirección o en otra dirección, acercarse a otro humano en un momento determinado o no acercársele. Cada micro o macro decisión ya se conoce dentro de ti con respecto a ti mismo y a todos los demás seres humanos. Así como el hecho de que ni siquiera puedes encontrar las palabras para hacer una pregunta sin saber ya la respuesta, cada palabra de tu pregunta ya tiene dentro sí cada palabra de tu respuesta. Cada aspecto de tu ser es Holográfico y, a menos que y hasta que te des cuenta de este hecho, nunca superarás tu Estado Natural de Ser Humano.

Existe un Mapa del cuerpo humano dividido en 6 áreas específicas desde la cabeza hasta los pies donde se representa casi todo de nuestra vida. Si bien es cierto que cada parte es holográfica, también es cierto que cada parte específica tiene su propia función específica. Comienza simplemente aprendiendo los conceptos básicos y, a medida que aumentes tu conocimiento, aumentarás tu capacidad de verdaderamente Conocerte a Ti Mismo. El Mapa Humano Holográfico tiene pautas y detalles específicos que pueden parecer complicados al principio, pero son consistentes a lo largo de la comprensión completa de las ubicaciones del Mapa corporal y las comprensiones e interpretaciones individuales. Una vez que conozcas las 6 áreas específicas del cuerpo y una vez que conozcas los hechos y funciones básicas, también puedes convertirte en tu propio Sanador. También puedes Conocerte a Ti Mismo y una vez que te

Conozcas a Ti Mismo, también tendrás la capacidad de Sanarte a Ti Mismo. Una vez que te Conozcas y te Sanes a Ti Mismo, podrás Conocer y Sanar a los Demás. No siempre es agradable comprender esta información sobre ti mismo porque no eres un ser perfecto. Eres un ser humano, tienes flaquezas y afinidades, debilidades y limitaciones, y este Mapa y esta información te brindarán la oportunidad de adquirir conocimientos sobre ti mismo.

Dentro del cerebro humano y en todo el sistema nervioso central hay programas/modelos y vías de acceso a estos programas/modelos. Estos programas/modelos humanos provienen de nuestras propias experiencias de vida y de nuestra percepción consciente (interpretaciones y juicios) de estas experiencias. La recopilación de estas experiencias, percepciones y programas crea nuestras experiencias terrenales por el resto de nuestras vidas. Los programas antiguos nunca se pueden cambiar, pero se pueden crear nuevos programas. Ser capaz de reconocer dentro de las 6 áreas diferentes del mapa del Cuerpo Humano Holográfico tus propias posiciones y gestos te ayudará a conocer estos programas/modelos y las limitaciones que imponen en tu vida.

UNA MUY SIMPLE ILUSTRACIÓN Y PROCESO PARA LEER TU PROPIO LENGUAJE CORPORAL Y EL DE LOS DEMÁS. SE BASA EN LA SECUENCIA DE ACTIVACIÓN DEL SISTEMA NERVIOSO CENTRAL A TRAVÉS DE LOS SENTIDOS HUMANOS

La parte del cerebro humano a la que nos referimos como "consciente" se trata de una porción muy pequeña del mismo, la mayor parte del cerebro humano en realidad ni siquiera es utilizada de manera consciente y activa por nosotros. Se dice que Albert Einstein usó el 10% de su cerebro. El 50% de los Datos que recibe el subconsciente para recopilar datos para crear nuestras personalidades, creencias, respuestas conductuales y emociones, son simplemente Datos Sensoriales. Estos datos sensoriales en su mayoría provienen de nuestro entorno y se procesan en el subconsciente antes de que el consciente tenga acceso a los mismos. Los datos en realidad ingresan al cerebro como frecuencia, vibración y otros datos con los que la conciencia no está familiarizada. Esta es la razón por la que digo que si un árbol cae en el bosque y nadie está allí para escucharlo caer, ¿igualmente hace ruido? Yo digo que no, que no es interpretado como un sonido sin que la mente consciente esté presente para escucharlo. Subconscientemente se procesan los datos y luego se vuelve consciente como el sonido de un árbol cayendo en el bosque.

El Sistema Nervioso Central como parte de todo el ser humano también es complicado; todo lo que mayormente aprenderemos aquí son las rutas simples que toma el sistema nervioso desde el cerebro humano a través del cuerpo humano. El Sistema Nervioso Central de cada ser humano, si se extiende en forma de cuerda, es lo suficientemente largo como para dar la vuelta a la Tierra, ir hacia el espacio y darle la vuelta a Júpiter y regresar unas 6 veces. Entonces, ¿los humanos "Tienen mucho nervio"? Sí, todos tenemos. Simplemente aún no nos hemos aprendido el Mapa para estar a cargo de todos nuestros nervios.

LITERALMENTE LEERÁS A TRAVÉS DE LOS MOVIMIENTOS Y GESTOS DEL CUERPO LO QUE EL SUBCONSCIENTE ESTÁ PROCESANDO PARA EL CONSCIENTE

El Mapa Humano Holográfico con sus 6 áreas es una representación u Holograma de todos los Datos Sensoriales que se procesan en el subconsciente. Ni siquiera es necesario expresar palabras, solo una posición del cuerpo, solo un gesto, solo el movimiento representa la información dimensional del sistema completo. El movimiento tiene literalmente un significado, ya que se necesita la activación neuronal a través del sistema nervioso central para ejecutar un movimiento y cada activación neuronal tiene una vía neuronal por la que viaja. Cuando tú u otra persona hacen una pregunta, la posición del cuerpo, los gestos y los movimientos dan las respuestas a la pregunta.

Solo seis áreas del cuerpo humano, cada área contiene uno de nuestros seis sentidos. Cada uno de nuestros sentidos humanos tiene funciones específicas para los datos recibidos a través de ellos. Los diferentes datos sensoriales son utilizados por el subconsciente para crear los diferentes programas/modelos de nuestro ser.

A menudo, alguien puede hacerme una pregunta y yo simplemente respondo diciendo: "Exactamente". Algunas personas hacen más gestos con los brazos y otras partes del cuerpo al hablar que otras. Incluso los movimientos corporales pequeños y el posicionamiento del cuerpo en las áreas del Mapa Humano Holográfico indican procesos subconscientes en esa área del Mapa.

UBICACIÓN DE LOS SENTIDOS HUMANOS EN EL MAPA HUMANO HOLOGRÁFICO

El comienzo de la Teoría de la Transformación Humana Holográfica se basa simplemente en los 6 sentidos humanos. El lado derecho del cuerpo, por encima de los hombros, es donde se indica que el sentido del Sonido se procesa en el subconsciente. El lado derecho desde los hombros hasta el área de la cintura es donde se indica que el sentido del Tacto se procesa en el subconsciente. El lado derecho de la cintura para abajo es donde se indica que el sentido del Gusto se procesa en el subconsciente. El lado izquierdo del cuerpo por encima de los hombros es donde se indica que el sentido de la Vista se procesa en el subconsciente. El lado izquierdo, desde los hombros hasta la cintura, es el área donde se indica que el sentido de la Energía se procesa en el subconsciente. El lado izquierdo de la cintura para abajo es donde se indica que el sentido del Olfato se procesa en el subconsciente.

UBICACIÓN FÍSICA EN EL CUERPO HUMANO DE MOVIMIENTOS O POSICIONES Y SU SIGNIFICADO

Cualquier movimiento en estas áreas nombradas indica muchos modelos y programas diferentes almacenados en el subconsciente. Una recopilación de memorias y procesos que, combinados y gestionados por el subconsciente, conforman todo lo que somos y mucho más de lo que conscientemente pensamos que podríamos ser. Esta información comienza de manera simple aunque, nuevamente, cada aspecto de nuestro ser encaja en una de estas áreas.

EL SIGNIFICADO LITERAL DE CADA MOVIMIENTO

Cada parte de nuestro cuerpo, incluidos nuestros órganos, tiene una función específica. Muchos sistemas corporales trabajan en estrecha colaboración con otros sistemas corporales para completar con éxito las funciones vitales para la integridad de todo el cuerpo. Leer el lenguaje corporal a través del Mapa de la Transformación Humana Holográfico es identificar las diferentes áreas del cerebro donde se almacenan y procesan diferentes datos como programas específicos que crean todo nuestro ser. No se trata de suponer o estimar basándose en la observación durante un período de tiempo entre diferentes grupos de individuos. Este Mapa se aplica a todos los seres humanos sin importar la edad, raza, credo o experiencias de la vida. Identifica las seis áreas principales del cuerpo humano donde los seis sentidos humanos se activan neurológicamente siempre que los datos sensoriales y sus modelos de programas relacionados se activen en el cerebro.

EL PROCESO DE PENSAMIENTO DE CADA UNO DE LOS SENTIDOS HUMANOS

Cada uno de los sentidos humanos tiene su propia función y propósito individual. Además de tener diferentes funciones, cada una se procesa de manera diferente a través de los Modelos de Programación y Compresión de Datos del cerebro. Los Datos del Sonido y de la Vista se utilizan para crear nuestro Pasado, nuestra Identidad y nuestra Personalidad, los Datos del Tacto y de la Energía se utilizan para crear nuestra capacidad de estar en el Presente y de crear nuestras relaciones e intuiciones. Los Datos del Gusto y el Olfato se utilizan para crear nuestro Futuro y nuestras creencias sobre el carácter y las estrategias. Todos los programas y modelos de nuestro cerebro se componen de datos sensoriales de nuestro entorno y hay muchos programas de procesamiento diferentes utilizados en el cerebro humano para armar todos estos datos.

SÍMBOLOS SENSORIALES, SUS SUBMODALIDADES Y SIGNIFICADOS

Existe una variedad de representaciones simbolizadas de los sentidos humanos, comenzando con la simplicidad del volumen para simbolizar el sentido del sonido, tenue o brillante para simbolizar la vista, la temperatura para simbolizar el tacto, la frecuencia para la energía, dulce o amargo para el gusto y el bueno o malo para simbolizar el olor. Cuanto más practiques simbolizando los sentidos, más aprenderás sobre cómo trabajar con los programas del cerebro. El subconsciente con la forma en que funciona y el programa/modelo que crea hace todo su trabajo basándose en los símbolos sensoriales que ingresan en él. Incluso nuestro propio pensamiento consciente no tiene un significado objetivo ni comprensible para el subconsciente. Las experiencias sensoriales para el subconsciente son literalmente frecuencia, brillo y otros símbolos e indicadores de los sentidos. Consciente es el intérprete, guía y director del subconsciente. Entonces, simplemente usando símbolos sensoriales para identificar una solución, un problema, una meta, todo en nuestra vida de una experiencia sensorial está simbolizado sensorialmente en el subconsciente. Muchas de las palabras que usamos para describir y expresar nuestras experiencias de vida y nuestro yo se refieren a los sentidos humanos. A estos los llamamos símbolos sensoriales y el simple hecho de unir los símbolos sensoriales a diferentes cosas puede ayudar al subconsciente a encontrar lo que estás buscando. Dar color, forma, textura, sonido, vibración, sabor y olor a la respuesta sobre la que tienes una pregunta. Tu subconsciente funciona basándose en los símbolos sensoriales y puede tomar un poco de tiempo, pero la respuesta a tu pregunta puede llegar simplemente simbolizando la respuesta. A menudo, si no puedes pensar fácilmente en un símbolo sensorial para algo, esto podría indicar un bloqueo sensorial con respecto a lo que estás simbolizando sensorialmente. No ser capaz de obtener un símbolo de cierto sentido indica un bloqueo sensorial en ese sentido específico. Cada sentido humano se utiliza para crear programas/modelos muy diferentes de nuestro ser y todos tenemos bloqueos sensoriales en uno o más sentidos sobre diferentes aspectos de nuestra vida. Cuanto más practiques el uso de los símbolos sensoriales para obtener información de tu subconsciente, más fácil te resultará pensar o conocer los símbolos sensoriales realmente asociados con los datos subconscientes.

Los símbolos en sí tienen significado, el 50% de los datos que el cerebro obtiene de nuestro entorno son datos de símbolos. Estos datos también están asociados sensorialmente de manera similar a cuando aprendes a simbolizar los diferentes sentidos.

PROGRAMAS DE COMPRESIÓN DE DATOS MAYORES Y MENORES PARA LOS SENTIDOS HUMANOS Y SU EFECTO EN EL CUERPO

Los programas de Compresión de Datos Mayores se refieren a los programas utilizados por los sentidos asociados identificados en el Mapa de la Transformación Humana Holográfica. Los sentidos del lado derecho y del lado izquierdo del ser humano directamente uno frente al otro son los "sentidos asociados". Los Programas de Compresión de Datos Mayores se utilizan tanto en el sentido del lado derecho como en el del lado izquierdo del Mapa y los Programas de Compresión de Datos Menores se utilizan específicamente sólo en uno de los dos sentidos. Estos programas de compresión de datos tienen un gran efecto en la forma en que la parte consciente del cerebro tiene acceso a cualquiera de los datos sensoriales reales de su entorno.

Los sentidos de la Vista y el Sonido tienen un Programa de Compresión de Datos Mayor para Eliminar los Datos Sensoriales del acceso consciente basado en Programas de Compresión de Datos Menores opuestos.

El Sonido se "Elimina" del acceso consciente basado en la "similitud" y la Vista se "Elimina" del acceso consciente basado en la "diferencia". Los Datos del Tacto y la Energía del entorno se "Distorsionan" para que el programa de

Compresión de Datos Mayor del cerebro los acceda conscientemente. El Tacto se "amplifica" para el acceso consciente y la Energía se "disminuye" para el acceso consciente mediante los Programas de Compresión de Datos Menores del cerebro. El Gusto y el Olfato tienen Programas de Compresión Mayores de "Generalización" antes del acceso consciente y los Programas de Compresión de Datos Menores para estos sentidos son el Gusto "generalizado" por "similitud" y el Olfato "Generalizado" por "Diferencia" para el acceso consciente. La forma en que el cerebro procesa los datos sensoriales hace que nuestra experiencia consciente del entorno y nuestra realidad sea muy cuestionable.

EJEMPLOS DE LOS FILTROS DE PROCESAMIENTO DE PROGRAMA META MAYORES

Wondering "What?"
Deleting Values, Meaning, Ethics
Mental Process
Past Reference

Wondering "Why?"
Deleting Ideas, Reasons, Concepts
Mental Process
Past Reference

Wondering "Who?"
Amplifying Touch/Feel, Relationships
Emotional Process
Present Reference

Wondering "When?" Time/Self All is Now

Wondering "Which?"
Amplifying Actions, Intuitions
Emotional Process
Present Reference

Wondering "How?"
Generalizing Processes
Physical Process
Future Reference

Wondering "Where?"
Generalizing Strategies
Physical Process
Future Reference

READING BODY LANGUAGE

Sonido y Vista; Eliminan

Tacto y Energía; Distorsionan

Gusto y Olfato; Generalizan

EJEMPLOS DE FILTROS DE PROCESAMIENTO DE PROGRAMAS META MENORES QUE EL SUBCONSCIENTE USA PARA LOS PROGRAMAS DE COMPRESIÓN DE DATOS PARA ARCHIVAR LOS DATOS SENSORIALES

Sonido: (Elimina por) Similitud

Esta es la razón por la que la percepción consciente de un mismo sonido se disipa después de un período de tiempo; (el tic-tac de un reloj y otros sonidos repetitivos en tu entorno).

Vista: (Elimina por) Diferencia

Esta es la razón por la que la conciencia de algo nuevo o diferente de "ver" no siempre se nota al principio. (Obtienes un vehículo nuevo y notas todos los vehículos similares que hay a tu alrededor).

Tacto: (Distorsiona por) Amplificación

Esta es la razón por la que muchas sensaciones táctiles aumentan hasta dar escalofríos. El dolor físico también aumenta debido al proceso de amplificación.

Energía: (Distorsiona por): Disminución

Esta es la razón por la que muchas personas cuestionan sus propias acciones e intuiciones.

Gusto: (Generaliza por) Similitud

Esta es la razón por la que somos propensos a clasificar grupos de personas en función de los rasgos de carácter de otros dentro del grupo.

Olor: (Generaliza por) Diferencia

Esta es la razón por la que la mayoría de la gente prefiere hacer algo a su manera en lugar de aprender de las experiencias de los demás.

MENTE, Y EMOCIONES, EL EFECTO EN EL CUERPO, APRENDE A OBSERVAR LOS EFECTOS DE LOS PROCESOS INTERNOS SOBRE EL CUERPO

Como Seres Humanos Holográficos, hay procesos muy precisos por los que pasamos naturalmente para convertirnos en todo lo que nos convertimos, para ser todo lo que somos y para crear todo lo que creamos. Cada sistema que nos convierte en un Ser Completo debe trabajar junto con todos los sistemas de nuestro Ser. Cuando una parte de nuestro ser no está funcionando con las demás partes con las que está asociada, podemos enfermarnos mental, emocional y físicamente. Nuestra Mente no es la única parte inteligente de nuestro ser, cada micro aspecto de nuestro Todo como su propia inteligencia, cada sistema dentro de cada sistema conoce su función, propósito y tiempo para ser una parte integral de todo el sistema. Todo comenzó y aún comienza con la Mente, sin la Mente no seguiríamos siendo un sistema vivo en funcionamiento. Aunque todas las cosas comienzan con solo un "pensamiento", incluso para tener un "pensamiento", ya debe existir la totalidad del pensamiento dentro de nosotros para siquiera pensar en una cosa. A medida que el "pensamiento" se repite a sí mismo y otros sistemas dentro de todo nuestro ser reconocen el "pensamiento", la Emoción comienza a agregarse al "pensamiento", cuanto más se asocia la Emoción con el "pensamiento", más sustancias químicas se liberan del Sistema Límbico a otros Sistemas dentro de nuestro Ser Completo. Cuanta más emoción y sustancias químicas se liberen, hay más opciones a través del Sistema Nervioso Central para las vías neurológicas para que los Datos se comuniquen a través de nuestro Ser Completo. Incluso este proceso puede identificarse conscientemente a través de las posiciones, los gestos y los micromovimientos de nuestro cuerpo físico. Como ocurre con todas las cosas en esta vida, el pensamiento, la emoción y el efecto sobre nosotros pueden ser de naturaleza positiva o negativa.

LA SUMA TOTAL DE TODO EL MOVIMIENTO ES HOLOGRÁFICO DE NUESTROS PROCESOS INTERNOS

Tenemos la capacidad como Seres Humanos de ser conscientes de todas las cosas de las que elegimos ser conscientes. No hemos sido capacitados más que a través de cursos específicos para comprender nuestros procesos internos. Hacer esto solo basado en los sentidos humanos es una forma muy simple de obtener un gran conocimiento sobre nosotros mismos y lo que realmente está sucediendo debajo de todo lo que a veces podría parecer solamente un yo complicado. Las seis áreas del cuerpo humano identificadas en el Mapa de la

Transformación Humana Holográfica son el comienzo para verdaderamente Conocerte a Ti Mismo. No puedes hacer nada para ayudarte y mucho menos cambiarte a ti mismo si ni siquiera te conoces a ti mismo. Memoriza las seis áreas y las ubicaciones sensoriales en el Mapa de la Transformación Humana Holográfica, aprende los conceptos básicos de las funciones sensoriales y los Programas de Datos y obtén conocimiento sobre tu Verdadero Ser. Usando el mapa, aprende a leer tu propio lenguaje corporal sensorial junto con el programa/modelos que acompañan a cada uno de los seis sentidos.

LOS SENTIDOS HUMANOS Y EL SISTEMA DE PROCESAMIENTO DE INFORMACIÓN HUMANO

Como Seres Humanos, somos seres complicados, los más inteligentes, creativos y progresistas de cualquier ser viviente. Los diferentes aspectos del ser humano son solo tan limitados como las creencias del individuo en el momento específico de la limitación. Nuestro potencial es ilimitado, son solo nuestras creencias las que nos mantienen dentro de ciertos límites. La Teoría de la Transformación Humana Holográfica identifica diferentes aspectos de nuestras habilidades, los diferentes sentidos asociados con ellas, sus funciones y asociaciones entre sí como un Sistema Completo. Hoy en día, muchas personas buscan la "Unidad". Cada uno de nosotros ya tiene esto dentro de sí, nuestras creencias y otros programas/modelos prohíben que lo alcancemos. Cada órgano, sistema, célula y átomo de todo nuestro ser tiene su propia inteligencia. Cada parte cuántica de nosotros conoce su propia función y la forma en que se interrelaciona con las demás partes cuánticas de nosotros para ser naturalmente uno como un ser completo.

LOS TRES ELEMENTOS DEL SER HUMANO:

Ser Humano es una Totalidad, es un Sistema Completo, que se compone de muchos otros sistemas que trabajan juntos para hacer que el sistema funcione como una Totalidad, un todo.

Cada Totalidad consta de Tres Elementos Individuales que deben trabajar juntos como un sistema completo para mantener su integridad. Cada Elemento de cualquier Totalidad debe corresponder en base a la física de la correspondencia. Cada Elemento debe Interrelacionarse, de manera Interdependiente entre sí para mantener la Totalidad de la "Unidad" Completa.

La "Unidad" Total del Ser Humano consta de los siguientes Tres Elementos:

1) Elemento Mente

La función de la mente humana es tomar todos los Datos del entorno y la respuesta interna a los Datos, procesarlos y encontrar o crear un archivo para almacenarlos y hacer un Programa/modelo a partir de los Datos. La mente humana es un complejo de diferentes Elementos en un individuo para pensar, percibir y razonar.

2) Elemento Emoción

Las emociones trabajan en estrecha colaboración con el cerebro humano para lograr sentimientos como la ira, la alegría y el miedo. Los sentimientos a menudo son subjetivos y están asociados con algo específico, como un evento o un individuo. Las emociones son respuestas químicas asociadas con el Sistema Límbico en el cerebro humano.

3) Elemento Cuerpo

El cuerpo humano es la masa de sustancias y sistemas que distingue a los humanos de otros sistemas vivos. Algunos de los diferentes sistemas que componen el cuerpo son el sistema esquelético, el sistema muscular y las estructuras superficiales de nuestro ser físico.

Y SUS ELEMENTOS SENSORIALES, CADA ASPECTO DE NUESTRO SER HUMANO

ESTÁ SENSORIALMENTE ASOCIADO. CADA ELEMENTO DE CADA TOTALIDAD ESTÁ ASOCIADO SENSORIALMENTE

Cada aspecto de nuestro ser Humano Holográfico está asociado con diferentes sentidos humanos y sus funciones, Programas de Compresión de Datos, Sistemas asociados a cada sentido y también los Elementos asociados con los sentidos. Todos los aspectos de cada sentido humano se superponen y afectan la totalidad de cada sentido y todos sus aspectos.

1) **SONIDO/VISTA Asociados con el (los) Elemento(s) 1**

El sentido del Sonido y la Vista están asociados con nuestra Mente y por lo tanto con todas las funciones, Programas de Compresión de Datos, Sistemas asociados con estos sentidos y los Elementos asociados con el Sonido y la Vista. Por lo tanto, el pensamiento, la razón y la percepción humana se Programan/ Modelan en función de las cosas que escuchas y ves en tu entorno y de tu propia respuesta consciente a estos sonidos y visiones. El cerebro humano simplemente toma los datos sensoriales de estos dos sentido, Elimina por Similitud para el Sonido, por Diferencia para la Vista, compara los datos con otros archivos y los almacena para su uso y crea programas/modelos.

2) **TACTO/ENERGÍA Asociados con el (los) Elemento(s) 2**

El sentido del Tacto y la Energía están asociados con la Emoción humana y con todas las Funciones, Programas de Compresión de Datos, Sistemas asociados con estos dos sentidos y los Elementos asociados con el Tacto y la Energía. Por lo tanto, la emoción humana proviene de las experiencias a través del sentido del Tacto y la Energía de tu entorno y tu respuesta consciente a estas experiencias sensoriales. Mientras estos Datos son procesados, también son Distorsionados; el Tacto al Amplificar la experiencia y la Energía al Disminuir la experiencia.

3) **GUSTO/OLFATO Asociados con el (los) Elemento(s) 3**

El sentido del Gusto y el Olfato están asociados con el Cuerpo humano y todas las Funciones, Programas de Compresión de Datos, Sistemas asociados con estos dos sentidos y los Elementos asociados con el sentido del Gusto y el Olfato. Por lo tanto, lo que nos diferencia de otros seres vivientes se programa en función de nuestras experiencias con Gustativas y Olfativas en nuestro entorno y nuestra respuesta consciente a estas experiencias. El Programa de Compresión de Datos del Gusto y el Olfato es la Generalización, el Gusto Generalizado por Similitud y el Olfato Generalizado por Diferencia.

EL SONIDO, LA VISTA Y EL TACTO SON LOS SENTIDOS CON MÁS IMPACTO QUE UTILIZAMOS PARA PROCESAR LOS DATOS INTERNAMENTE. LOS OTROS SENTIDOS HAN SIDO GRANDEMENTE NEGADOS, IGNORADOS Y DESCARTADOS. ESTO NOS MANTIENE A LA MITAD DE NUESTRO POTENCIAL, COMO MÁXIMO

Estos tres sentidos tienen el mayor impacto en el cerebro humano, principalmente debido a nuestra tendencia humana a responder o reaccionar conscientemente a estos tres sentidos. La respuesta consciente es una parte importante de todo nuestro Ser y se procesa en el subconsciente a través de los mismos programas que cualquier dato del entorno. Todo lo que Escuchamos en nuestro Entorno, todo lo que pensamos en respuesta a lo que escuchamos, todo lo que Vemos y Tocamos y nuestra respuesta consciente junto con todas sus Funciones, Programas de Compresión de Datos y Elementos tienen el mayor impacto en nuestro Ser Completo. Esto nos deja a la mitad de nuestro potencial humano y en su mayoría excluyendo los sentidos del Gusto, el Olfato y la Energía y todas estas funciones sensoriales, los Programas de Compresión de Datos y sus Elementos. Como resultado de esta naturaleza humana, los humanos no somos Seres Completos, ni el Humano Holográfico que deberíamos ser. Por esta misma naturaleza, la mitad de la mente humana, la mitad de la emoción humana y la mitad de la capacidad del cuerpo humano se Niegan, Ignoran y Descartan en gran medida.

Capítulo 2

INTRODUCCIÓN AL MAPA TEÓRICO DE LA TRANSFORMACIÓN HUMANA HOLOGRÁFICA Y LAS FUNCIONES SENSORIALES

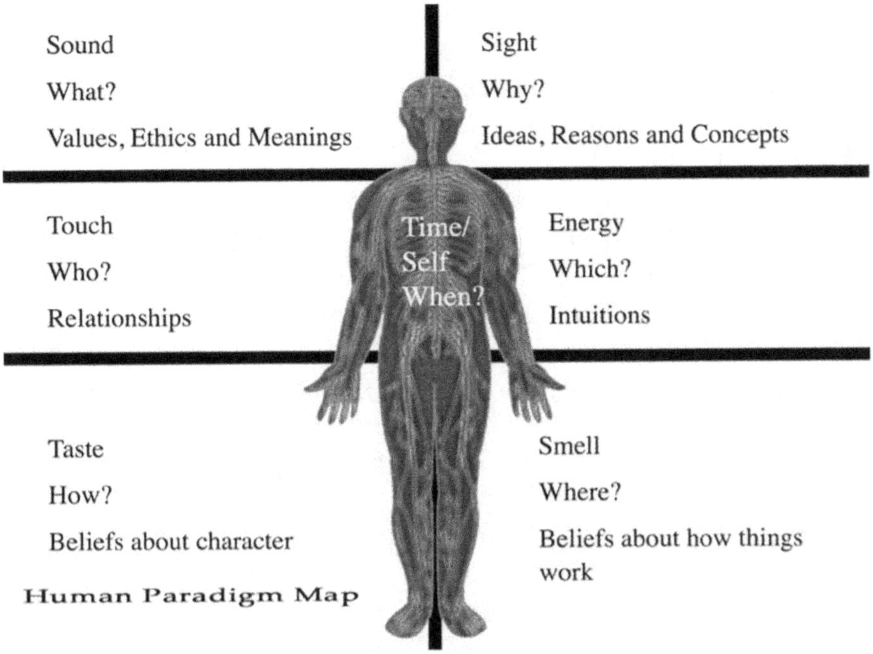

IDENTIFICA LAS ÁREAS CON PROBLEMAS HACIENDO QUE LA PERSONA SE PARE Y HAZLE PREGUNTAS.

NOTA LOS MOVIMIENTOS CORPORALES, SU POSICIÓN, UNA MIRADA, EL MOVIMIENTO EN LA UBICACIÓN IDENTIFICADA EN EL MAPA CORPORAL DE LA TRANSFORMACIÓN HUMANA HOLOGRÁFICA. ESTO IDENTIFICARÁ SU RESPUESTA A TU PREGUNTA DENTRO DE 2 SEGUNDOS DE CONSCIENCIA TENIENDO ACCESO A LA RESPUESTA

Su respuesta verbal puede corresponder o no con su posición, gestos o miradas, la respuesta más importante que buscas identificar es su respuesta no verbal. El movimiento dirá la respuesta real en el subconsciente, identificará el sentido y el Mapa Humano Holográfico muestra las Funciones, Programas de Compresión de Datos y Elementos involucrados y asociados con la Pregunta.

Ejemplos de preguntas que puedes hacer a otros o a ti mismo:

A) ¿QUÉ QUIERES?

B) ¿QUÉ NECESITAS PARA LLEGAR AHÍ?

C) ¿QUÉ EVITA QUE LLEGUES AHÍ?

D) ¿QUÉ PIERDES SI CONSIGUES LO QUE QUIERES?

E) ¿CUÁL ES TU MAYOR FORTALEZA?

F) ¿CUÁL ES TU GRAN DEBILIDAD?

G) ¿POR QUÉ LUCHAS?

H) ¿POR QUÉ NO TE HAS SUPERADO TODAVÍA?

I) ¿POR QUÉ TU DEBILIDAD TE DETIENE?

J) ¿QUIÉN ES RESPONSABLE DE TU DEBILIDAD?

K) ¿QUIÉN ES TU MAYOR FORTALEZA?

L) ¿QUÉ OPCIÓN TIENES QUE CAMBIAR PARA CRECER?

M) ¿QUÉ DEBILIDAD PUEDE SER TU MAYOR FORTALEZA?

N) ¿CUÁL OBJETIVO ES REALMENTE EL MÁS IMPORTANTE PARA TI?

O) ¿CÓMO PUEDES COMENZAR A LOGRAR TU CAMBIO?

P) ¿CÓMO SE PRODUCE TODO PARA TI?

Q) ¿A DÓNDE LLEVARÁ EL CAMBIO A TU VIDA?

R) ¿DÓNDE ESTÁN TUS MAYORES FORTALEZAS PARA CAMBIAR?

No es necesario que estés de pie para practicar estas preguntas y leer el Mapa del Cuerpo Humano Holográfico. El movimiento, gesto o posición puede incluso parecer muy natural y puede ser leve, aun así cualquier movimiento indica comunicación desde el cerebro a través del sistema nervioso central a esa área del cuerpo. Esto también indica que se está accediendo a los datos sensoriales desde el cerebro.

Si está trabajando con un grupo

LEE LOS MOVIMIENTOS CORPORALES CON EL GRUPO Y HAZ QUE PRACTIQUEN LEYÉNDOSE EL UNO AL OTRO

Divídanse en grupos pequeños y pide a un miembro del grupo a la vez que se coloque en el centro. Haz que los otros miembros del grupo le hagan las preguntas enumeradas anteriormente al que está parado en el centro y lean su lenguaje corporal basado en el Mapa Humano Holográfico. La respuesta verbal de la persona no es el factor clave, identifica sus respuestas basándote en las áreas del Mapa del Cuerpo Humano Holográfico. Estas son respuestas subconscientes y pueden incluso contradecir sus respuestas verbales.

LOS ÓRDENES DE ACTIVACIÓN SENSORIAL NEUROLÓGICA SON PARTE DE UN SISTEMA COMPLETO QUE CREA NUESTRO SER

El Sistema Nervioso Central es el principal sistema de comunicación del cuerpo humano a través del cual se comunica con otros sistemas en todo el cuerpo. Hay estructuras, patrones y procesos que sigue para realizar esta y otras Funciones primarias. Pasa por una ruta específica en el orden de activación cuando procesa, almacena o accede a cualquier dato sensorial. Dependiendo del primer sentido activado, existe un patrón natural de activación a través de los demás datos sensoriales humanos. Así como los datos sensoriales se utilizan para crear diferentes programas/modelos, los diferentes órdenes de activación sensorial crean diferencias en nuestras experiencias subconscientes y conscientes. Esto, a su vez, crea nuestras experiencias conscientes de manera diferente según el orden de activación sensorial. Cada sentido humano con sus diferentes Funciones, Elementos y Programas de Procesamiento de Datos está individualizado para diferentes experiencias y aspectos de los seres humanos. Hay 6 órdenes de activación de personalidad primarios diferentes y 6 descripciones de personalidad diferentes basadas en los diferentes órdenes de activación.

IDENTIFICA TU PERSONALIDAD SENSORIAL BASÁNDOTE EN EL ORDEN DE ACTIVACIÓN

DEL SISTEMA NERVIOSO CENTRAL A TRAVÉS DE TUS DATOS SENSORIALES.

APRENDE QUÉ TE CREA A TI, A TUS PENSAMIENTOS, SENTIMIENTOS, COMPORTAMIENTOS Y PROGRAMAS

Basándonos en las diferentes Funciones, Programas de Compresión de Datos y Elementos de los diferentes sentidos, tenemos muchos aspectos de ser humanos que pueden hacer que nuestras vidas parezcan mucho más complicadas de lo que realmente son. Tomemos, por ejemplo, los simples Elementos de la Mente, la Emoción y el Cuerpo y sus sentidos asociados. Si tu orden de activación comienza con el Sonido o la Vista, "pensarás" en un nivel consciente en tu primer y cuarto sentido activado. Si tu orden de activación comienza con el sentido del Tacto o la Energía, tendrás una respuesta "emocional" en el primero y el cuarto, y ni siquiera "pensarás" antes de hacerlo. Si tu orden de activación comienza con el Gusto o el Olfato, tendrás una respuesta "física" en el primero y el cuarto antes de "pensar" o sentir una "emoción". Todos somos muy diferentes y la Teoría de la Transformación Humana Holográfica te ayuda a comprender muchas cosas sobre ti y los programas que te ejecutan.

APRENDE A IDENTIFICAR TU PROPIO ORDEN DE ACTIVACIÓN SENSORIAL Y EL DE LOS DEMÁS. DE ESTE MODO SABRÁS MÁS DE LO QUE PODRÍAS HABER IMAGINADO SOBRE TI MISMO Y SOBRE LOS DEMÁS

Hacerlo sencillo solamente usando el Mapa Humano Holográfico y leyendo tu propio lenguaje corporal y el de los demás te dará información sobre la profundidad de los programas que te convierten en lo que eres. Con la práctica (repetición) y este sencillo mapa, puedes comenzar a conocer fácilmente muchos detalles detrás de tus propios pensamientos, sentimientos y comportamientos. Todo tiene una Función (propósito), todo tiene un principio (origen), todo puede ser sabido, todo ha sido creado y cualquier cosa puede ser creada. Conocerte a Ti Mismo es el comienzo para Sanarte a Ti Mismo (cambio). En el momento en que los Datos se vuelven conscientes (y somos conscientes de ello), se Eliminan, Distorsionan y Generalizan; se archivan en Programas y Modelos que ya existen desde hace años. Ser capaz de cambiar pensamientos, sentimientos, estructuras de comportamiento, patrones y procesos es prácticamente imposible hasta que logras reconocerlos desde su origen, propósito y procesos.

EL ORDEN DE ACTIVACIÓN SENSORIAL AFECTA NO SOLO NUESTROS PROCESOS INTERNOS SINO QUE CREA NUESTRA PERSONALIDAD, NUESTROS PENSAMIENTOS, NUESTRAS EMOCIONES, NUESTRAS RELACIONES, NUESTRAS EXPERIENCIAS FÍSICAS Y CREENCIAS BÁSICAS

Cada sentido humano tiene una función de programación primaria que opera para crear los modelos y programas de nuestro ser. Los datos del sentido del sonido se utilizan para crear Modelos y Programas de Valores, Ética y Significados. La vista se usa para crear Ideas, Razones y Conceptos, el Tacto crea Programas de nuestras Relaciones y la Energía crea Programas para Nuestras Acciones e Intuiciones. Los Datos del sentido del Gusto crean Modelos de Programa de nuestras Creencias sobre el Carácter, y el Olfato crea nuestros Modelos de Programa de Creencias sobre las Estrategias. Estos distintos sentidos y sus diferentes Modelos y Programas trabajan todos juntos a través del orden de activación sensorial y cada sentido tiene diferentes prioridades basadas en el orden de activación. Todas las partes del ser humano son holográficas y cada parte representa la totalidad de nuestro ser. Como seres humanos, comienza con los sentidos y nuestras experiencias a través de ellos, cada aspecto de nuestro ser es holográfico. Cada aspecto de nuestra totalidad se corresponde con todos los demás aspectos de nuestro ser y la combinación de todos crea la totalidad de cada ser humano.

LADO DERECHO SUBJETIVO:

Nuestro cerebro procesa y almacena datos para crear programas para ejecutar nuestro ser, cualquier cosa procesada en el lado derecho de nuestro cuerpo se procesa subjetivamente. Esto incluye los sentidos del lado derecho del Mapa Humano Holográfico: Sonido, Tacto y Gusto. Por lo tanto, sus Funciones, Programas de Compresión de Datos y Elementos se procesan como un hecho más que como una mente independiente. Todos los aspectos de estos sentidos son más difíciles de observar, más bien se toman de manera muy personal. Los Valores, la Ética, los Significados, las Relaciones y las Creencias sobre el Carácter son naturalmente personales en lugar de ser observables. Hacer que las cosas sean subjetivas puede hacer que sea difícil llegar a conocer y comprender realmente e incluso puede tener una tendencia a que las cosas parezcan muy personales cuando en realidad no lo son.

LADO IZQUIERDO OBJETIVO:

El cerebro procesa y almacena datos para crear programas para ejecutar nuestro ser desde los sentidos ubicados en el lado izquierdo del Mapa Humano Holográfico objetivamente. El sentido de la Vista, la Energía y el Olfato se procesan, y los programas se crean a partir de estos datos sensoriales más como un observador que como una experiencia personal.

El efecto consciente de esto en el hombre natural es que las Ideas, Razones, Conceptos, Acciones e Intuiciones, Creencias sobre Estrategias son programas sin consideración de existencia independiente. Estos simplemente se perciben más sin distorsión de pensamientos, sentimientos o prejuicios personales.

¿Estás empezando a tener una idea de algunas de las formas naturales en las que funcionamos que nos hacen "humanos" de formas (a veces) que no siempre disfrutamos?

SENTIDOS DE REFERENCIA, MOTIVADOR Y TRITURADOR EN CADA ORDEN DE ACTIVACIÓN CON SUS DIFERENTES PROGRAMAS META MAYORES Y MENORES Y SU EFECTO EN TI

Independientemente del orden de activación sensorial, los sentidos de referencia, motivador y triturador permanecen en el mismo orden, están asociados con diferentes sentidos y, dependiendo del orden de activación, estas funciones siguen siendo las mismas. El primer y cuarto sentido activado en los órdenes de activación siempre se utilizan como sentidos de Referencia. Referencia significa que el sentido, Funciones, Programas de Compresión de Datos y Elementos se utilizan como datos de consulta sobre cualquier dato procesado y en pensamientos, sentimientos y comportamientos conscientes. Esto da como resultado que 3 de los 6 diferentes órdenes de activación tengan puntos de referencia automáticos completamente diferentes. El segundo y quinto sentido activado en cualquiera de los órdenes de activación son los sentidos Trituradores, estos están integrados en los procesos de las Funciones sensoriales, los Programas de Compresión de Datos y los Elementos, siendo los datos utilizados para tomar decisiones. El tercer y sexto sentido activado en cualquier orden de activación sensorial son los sentidos Motivadores y las Funciones, Programas de Compresión de Datos y Elementos de estos sentidos se utilizan para motivar al individuo. Los órdenes de activación y estas diferentes áreas de Referencias, Decisiones y Motivadores son solo patrones naturales que se utilizan cuando se procesan los datos sensoriales.

Upper Right Section

- Sound
- Values, Ethics, Meanings
- What?
- Deletes by Sameness
- Mental Process
- Past

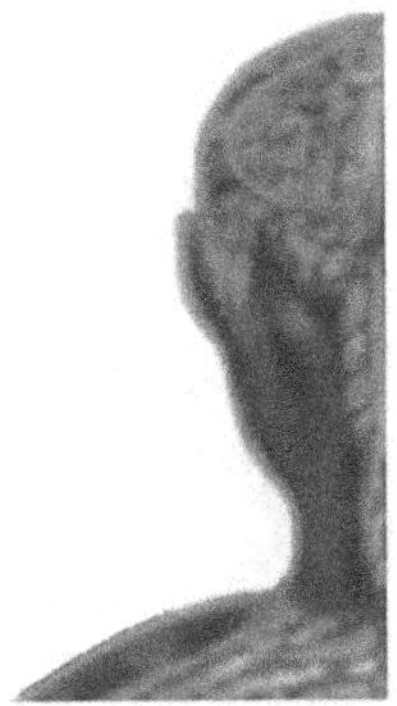

El sentido del Sonido se encuentra por encima de los hombros en el lado derecho del cuerpo. La Pregunta Principal que indica el sentido del Sonido es "¿Qué?". El subconsciente toma los datos a través del sentido del sonido y crea modelos de programas de Valores, Significados y Ética para nosotros a partir de ellos. Estos programas son la base de las cosas importantes en nuestras vidas, que tenemos en alta estima y apreciamos en la vida. Estos programas basan nuestros modelos de lo que es bueno y lo que es malo y principios morales.

Hay diferentes Elementos que se rigen por el sentido del Sonido que son modelos de programas subconscientes de nuestras experiencias de vida, algunos de estos son:

PASADO; todos nuestros recuerdos pasados se almacenan con el sentido del sonido y, por lo tanto, mantienen su valor y significado en nuestras vidas.

DIRECCIÓN; proviene de nuestro pasado y del sentido del Sonido. La orientación o supervisión de nuestras acciones y la asistencia para señalar la ruta adecuada funcionan a través del sentido del sonido y proviene de nuestro pasado, además de tener significado y valor para nosotros.

Upper Left Section

- Sight
- Ideas, Reasons and Concepts
- Why?
- Deletes by Difference
- Mental Process
- Past

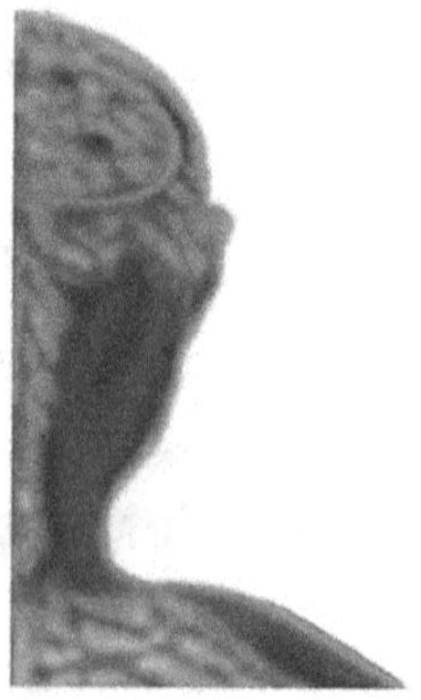

El sentido de la vista se encuentra en el lado izquierdo del cuerpo por encima del área de los hombros, justo al otro lado del cuerpo del sentido del sonido. La Pregunta Principal para el sentido de la vista es "¿Por qué?". El subconsciente toma datos sensoriales del sentido de la vista y crea modelos de programas para nuestras propias Ideas, Razones y Conceptos. Los

Elementos para el sentido de la vista son los mismos Elementos que los del sentido del sonido. Entonces, las Ideas, Razones y Conceptos se basan en nuestro pasado, así como la Dirección se basa en las cosas que hemos visto y nuestra respuesta consciente a ellas.

Center Right Section

- Touch
- Relationships,
How Things Relate
- Who?
- Distorts by
Amplification
- Emotional Process
- Present

El sentido del tacto se encuentra en el lado derecho del cuerpo entre el área de los hombros y la cadera. La Pregunta Principal para el sentido del tacto es "¿Quién?". El subconsciente toma datos sensoriales del sentido del tacto y crea nuestros modelos de programa para nuestras Relaciones y nuestros modelos de programa para poder relacionar una cosa con otra.

Otros Elementos asociados con los modelos de programas del sentido del tacto son

PRESENTE; El tiempo, por lo que nuestras relaciones y la forma en que podemos o no relacionar una cosa con otra está muy orientada al tiempo presente para nosotros.

CUESTIONAMIENTO; está asociado con los modelos de programas del sentido del tacto y cuestionamos las relaciones en el presente naturalmente debido a esto y cuestionamos la forma en que cosas diferentes o similares pueden relacionarse entre sí.

Center Left Section

- Intuition
- Actions, Movement
- Which?
- Distorts by Diminishing
- Emotional Process
- Present

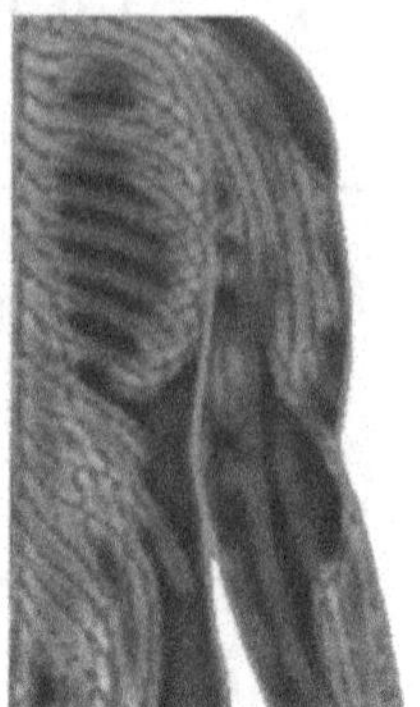

El sentido de la Energía se encuentra en el lado izquierdo del cuerpo entre el área de los hombros y la cadera, justo al otro lado del cuerpo desde el sentido del tacto. La Pregunta Principal para el sentido de la Energía es "¿Cuál?". El subconsciente usa datos sensoriales del sentido de la Energía para crear modelos de programas para nuestras Acciones e Intuiciones.

Los elementos asociados con el sentido del tacto también están asociados con el sentido de la energía.

Lower Right Section

- Taste
- Beliefs About Character
- How?
- Generalizes By Sameness
- Physical Process
- Future

El sentido del Gusto se encuentra en el lado derecho del cuerpo desde el área de la cadera hacia abajo. La Pregunta Principal para el sentido del gusto es "¿Cómo?". El subconsciente utiliza datos sensoriales del sentido del gusto para crear modelos de programas para nuestras Creencias sobre el Carácter.

Los elementos asociados con el sentido del Gusto son:

FUTURO; Esto afecta nuestras creencias sobre el carácter para que también se relacionen con el futuro, aunque el futuro ni siquiera haya sucedido todavía.

MODELADO; Se convierte en un Modelo de Programa de Creencia sobre el Carácter y el Futuro en el subconsciente. Tener un modelo a seguir con respecto a nuestras creencias de carácter para nuestro futuro está asociado con los modelos de programas subconscientes basados en estos Elementos.

Lower Left Section

- Smell
- Beliefs About
How Things Work
- Where?
- Generalizes By
Difference
- Physical Process
- Future

El olfato se encuentra en el lado izquierdo del cuerpo desde el área de la cadera hacia abajo, justo enfrente del sentido del Gusto. La Pregunta Principal para el sentido del Olfato es "¿Dónde?". El subconsciente utiliza datos sensoriales del sentido del olfato para crear modelos de programas para nuestras Creencias sobre Estrategias y el Funcionamiento de las cosas.

Los Elementos asociados con el sentido del Gusto también están asociados con el sentido del Olfato y estos Elementos también afectan las Creencias sobre Estrategias y Funciones.

Center Section

- Time
- Sense of Self
- When?
- The Great 'I AM'
- Ability To Bring
All Time References
Into The Present

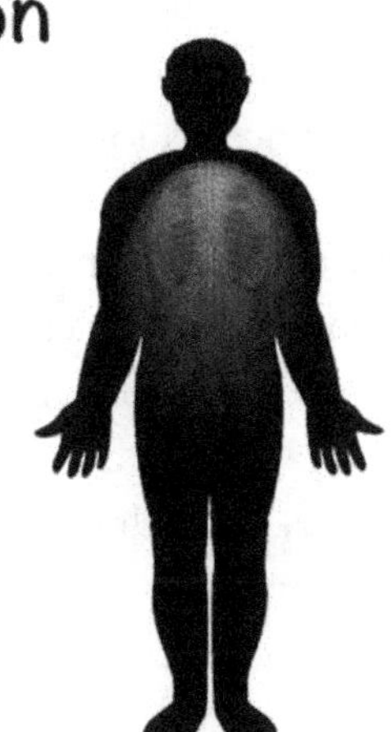

Todos los sentidos, sus Funciones, Elementos, diferentes Programas Meta Mayores y Menores, también llamados Programas de Compresión de Datos, interactúan entre sí a través del sistema nervioso central a través de órdenes de activación específicos y, sumados, crean gran parte de lo que consideramos que es toda nuestra "Unidad" total del ser. Nuestra Personalidad, identidad, pensamientos, emociones, comportamientos, creencias, todo sobre nosotros es una compilación de estos programas subconscientes creados a partir de los datos sensoriales de nuestro entorno, además de nuestros pensamientos conscientes y los de los demás y las respuestas conscientes a los datos sensoriales.

Estas funciones y patrones del cerebro son solo un aspecto de nuestro hombre natural, nuestro ser humano y no conocemos ninguna forma de cambiar las estructuras, patrones y procesos subconscientes. El único aspecto significativo del cerebro que cualquiera de nosotros puede cambiar es nuestro pensamiento consciente, nuestra percepción consciente de cualquiera de los datos sensoriales y de los propios modelos del programa. Podemos crear nuevos programas basados en la misma forma en que funciona el cerebro, y el cerebro y el propio sistema nervioso central crearán nuevas rutas a nuevos modelos de programa. Esto da como resultado un cambio, un cambio en nuestra personalidad, identidad, pensamientos, emociones, comportamientos, creencias. Un cambio completo de cada aspecto de nuestro ser no solo es posible sino que se logra fácilmente cuando conoces la forma en que está diseñado y funciona.

Cambiar el pensamiento consciente se logra más fácilmente una vez que comprendemos las Funciones, Estructuras, Patrones y Procesos conscientes y subconscientes. Conocer esto y nuestros programas/modelos individuales nos pone a cargo de nuestra naturaleza consciente y subconsciente. Finalmente, ser "Uno" como un ser completo. No luchar más contra nuestro propio pensamiento. No experimentar más emociones que nos destrocen. Tener comportamientos naturales para lograr nuestras metas en la vida.

Capítulo 3

PERFIL DE PERSONALIDAD Y ÓRDENES DE ACTIVACIÓN SENSORIAL

El siguiente cuestionario identificará el orden de activación sensorial que tu subconsciente está haciendo para acceder a tu programa/modelo sensorial. A partir de esta información, comprenderás mejor tu personalidad, pensamientos, emociones y comportamientos.

Todos tenemos bloqueos sensoriales en nuestras activaciones neuronales. Estos bloqueos sensoriales se comentan con más detalle más adelante en el libro. Este cuestionario también identificará tus bloqueos sensoriales. Los bloqueos sensoriales en realidad prohíben al subconsciente hasta tener acceso a algunos de los datos en los archivos de programa/modelos que ha almacenado. El consciente entonces, por supuesto, tampoco tiene acceso a estos programas y sus datos. Los bloqueos sensoriales se pueden eliminar.

Familiarízate con tu propio orden de activación sensorial y los puntos de Referencia, Decisión y Motivación sensoriales que hay en él. Cuanto más aprendas de tu orden de activación, más podrás Conocerte a Ti Mismo y, por supuesto, cuanto más te conozcas, más podrás Sanarte a Ti Mismo. Ni tú ni tu vida deben seguir siendo un misterio.

Cuestionario de Personalidad

Referencias

1) Al notar mis propios temas de pensamiento o conversación, mi mayor área de enfoque es…

   A. Cosas que he visto y luego escuchado
   B. Cosas que he escuchado y luego visto
   C. Cosas que he hecho
   D. Cosas con las que me relaciono
   E. Proceso de hacer las cosas
   F. El resultado final

2) En mi opinión, ¿los hechos principales se pueden encontrar a través de las siguientes preguntas?

   A. Por qué
   B. Qué
   C. Cuál
   D. Quién
   E. Cómo
   F. Dónde
   G. Cuándo

3) Los elementos (aspectos) más útiles en la vida son

   A. Razón, Ideas
   B. Significado, Valores
   C. Acciones, Intuiciones
   D. Relaciones
   E. Cómo
   F. Estrategias
   G. Tiempo/Yo

4) La acción debe basarse en

    A. Razón
    B. Significado
    C. Intuición
    D. Relaciones
    E. Planificación
    F. Estado

5) La mayor conexión para mí está en el

    A. Pasado
    B. Presente
    C. Futuro Con respecto a…
    D. Cosas vistas
    E. Cosas escuchadas
    F. Acciones tomadas
    G. Relaciones
    H. Función de
    I. Habilidades

6) La única cosa que siempre es el foco de cualquier asunto para mí es

    A. Concepto
    B. Valor
    C. Intuición
    D. Asociación
    E. Cualidades
    F. Medios para el fin

7) La indicación más importante para mí es

    A. Por qué
    B. Qué
    C. Cuál
    D. Quién
    E. Cómo

F. Dónde

G. Cuándo

Decisiones

1) El proceso de acción más importante para mí al tomar decisiones es

   A. Poder

   B. Método

   C. Ideas

   D. Carácter

   E. Valor

   F. Acciones

2) Una cosa está fuera de toda duda para mí basada en

   A. Relativo

   B. Acción

   C. Representación

   D. Pensamiento

   E. Cognición

   F. Lógica natural

3) Cuando se me dan alternativas, hago mi elección basándome en

   A. Las Circunstancias

   B. La Gente

   C. El Diseño

   D. Las Condiciones

   E. La Percepción

   F. El Principio moral

4) Cuando explico mis conclusiones de algo, enfatizo

   A. Relación personal

   B. Intereses mutuos

   C. Conceptos pasados

    D. Ideas personales

    E. Intuiciones subjetivas

    F. Intuiciones objetivas

5) Una buena elección requiere

    A. Estrategias y sus relaciones

    B. Buena comunicación en las relaciones

    C. Razón y carácter

    D. Creencias e ideas

    E. Acción por los demás y significado

    F. Valor pasado y acción presente

Motivadores

1) Mi poder de motivación proviene de

    A. Actuación presente y mi carácter personal

    B. Propósito futuro e intuiciones presentes

    C. Ventaja del mañana, principios de ayer

    D. Los valores morales de ayer y el plan de mañana

    E. Formas en que he visto el significado del mundo

    F. Mis antepasados y mi conocimiento futuro

2) Me emociono más fácilmente por

    A. Mis intuiciones del mundo y sus relaciones

    B. El carácter de los demás y sus acciones.

    C. Crear pasos para el futuro del mundo basados en el pasado.

    D. Ser capaz de conocer formas de hacer que mi vida cambie.

    E. Las relaciones personales que me ayudan a salvar mi propio pasado.

    F. Tener relaciones en la actualidad con personas con las que puedo crear ideas.

3) Mi mayor motivo de éxito se basa en

A. La acción de los demás e intuición si pertenecen al futuro.
B. Mi visión del carácter y mis propias acciones presentes
C. Gran significado/valor de lo que escucho y conocer el resultado final
D. Estrategias en sí mismo para el futuro con significado del pasado.
E. Otros relacionados con eso y la idea ya existente.
F. Buenos motivos y relacionados personalmente con ellos.

4) La mayoría de las veces ayudo a otros a actuar

A. Compartiendo mi entusiasmo y futuras creencias en ellos.
B. Con mis datos y acciones con valor para ellos
C. Con investigación del pasado y estrategias de futuro
D. Con mis conocimientos y datos que obtuve
E. Presentándolos a personas que conozco para que compartan sus ideas.
F. Ayudándolos a encontrar razones que se relacionen con ellos.

5) Cuando se me den opciones, preferiría

A. Actuar basado en la intuición y el carácter propio
B. Conocer los procesos futuros y cuestionar el presente.
C. Tener todos mis datos conmigo y decidir mis funciones
D. Planear mi futuro basándome en lo que he reunido.
E. Conocer su relación con visiones de mi pasado.
F. Percibir la representación en todas las cosas y su relación.

6) En la mayoría de las áreas de mi vida, empodero a otros con

A. Mis propias intuiciones y ayudo con mis rasgos personales
B. Ejemplo de carácter y mis acciones
C. Reforzando su valor y mis conocimientos a alcanzar.
D. Mi experiencia en el área y palabras de sabiduría
E. Relacionándome bien con ellos y compartiendo mis visiones imaginativas
F. Razones mundanas para su empoderamiento personal.

7) Mientras tenga lo siguiente, puedo continuar

    A. Construir mi acción e intuición con buena fe en mi carácter

    B. Enfoque en el futuro y en mis intuiciones emocionales con poca o ninguna acción.

    C. Significado e instrucción detallada

    D. Objetivos futuros y buena ética

    E. Relaciones con los demás y buenas razones.

    F. Ideas imaginativas con las que me siento conectado.

RESULTADOS DE LA EVALUACIÓN DEL PERFIL DE PERSONALIDAD

En la sección marcada como Referencias, cuenta el número de A, B, C, D, E, F. Las letras que tengan más indican tus sentidos de Referencia. Cada uno de nosotros tiene dos sentidos de Referencia, dos de Decisión y dos de Motivación, recordando que también tenemos bloqueos sensoriales, y estos pueden estar indicados por un orden de activación general con poco o nada de un sentido indicado en el orden de activación.

Las letras que indican las referencias de las letras A y B juntas y C y D juntas y E y F juntas indicarán una de las dos personalidades del orden de activación sensorial primario que puedes tener. Estos sentidos serán el primero y el cuarto activados en el orden de activación.

A partir de este punto, en la sección marcada como Decisiones, cuenta el número de A, B, C, D, E, F. Las letras que tengan más aquí te indicarán el segundo y el quinto sentido activados en el orden de activación de tu personalidad sensorial.

Cuenta el número de letras en la sección marcada como Motivadores y la mayoría de las letras y los sentidos indicados aquí identificarán tu tercer y sexto sentido activado en el orden de activación de tu personalidad sensorial.

Comenzando con tus sentidos de referencia, luego pasando a tu sentido de decisión, y luego a los sentidos motivadores, encuentra tu orden de activación sensorial más cercano en la lista de los diferentes órdenes de activación de personalidad que se listan a continuación.

Determina tu orden de activación más concordante recordando que todos tenemos bloqueos sensoriales y estos bloqueos sensoriales también se indicarán en este cuestionario. Los bloqueos sensoriales se identifican basándose en poca o ninguna respuesta de sentido en las secciones de Referencia, Decisiones y Motivador y en el orden de activación más similar identificado.

Siempre que hay un bloqueo sensorial, si el sistema nervioso central puede activar a través del bloqueo el siguiente sentido activado, la información sensorial bloqueada basándose en sus propias funciones sobrecarga ese sentido y da una perspectiva muy diferente a las funciones sensoriales bloqueadas.

Las respuestas A y B, luego C y D, luego E y F son similares en función subconsciente. Cualquier respuesta G indica una referencia a enfocarse en el tiempo en lugar de en uno mismo.

Identifica tu Perfil de Personalidad principal y lee la descripción. Hay un sinfín de información que podemos colocar en esta descripción, como Elementos, órganos del cuerpo, enfermedades. Cualquier cosa que forme parte de nuestra experiencia espiritual y mortal puede incluirse en los diferentes Perfiles de Personalidad.

En la pregunta #5 en la sección de Referencia, A y B indican referencia de tiempo Pasado, C y D indican tiempo Presente y E y F indican tiempo Futuro. Es decir, el momento en el que más te enfocas. Más de las diferentes letras en las preguntas indican lo siguiente…

A) **IDEALISTA:**
Sentidos de Referencia; A Sonido y B Vista
Sentidos de Decisión; D Tacto y F Olfato
Sentidos Motivadores; E Gusto y C Energía

B) **CONCEPTUALISTA:**

Sentidos de Referencia; B Vista y A Sonido

Sentidos de Decisión; F Olfato y D Tacto

Sentidos Motivadores; C Energía y E Gusto

C) **ACCIONISTA:**

Sentidos de Referencia; C Energía y D Tacto

Sentidos de Decisión; B Vista y E Gusto

Sentidos Motivadores; F Olfato y A Sonido

D) **RELACIONALISTA:**

Sentidos de Referencia; D Tacto y C Energía

Sentidos de Decisión; E Gusto y B Vista

Sentidos Motivadores; A Sonido y F Olfato

E) **FUNCIONISTA:**

Sentidos de Referencia; E Gusto y F Olfato

Sentidos de Decisión; A Sonido y C Energía

Sentidos Motivadores; D Tacto y B Vista

F) **ESTRATEGA:**

Sentidos de Referencia; F Olfato y E Gusto

Sentidos de Decisión; C Energía y A Sonido

Sentidos Motivadores; D Vista y B. Tacto

IDEALISTA:

Son los pensadores del mundo. Se sienten impulsados a establecer la dirección de nuevos caminos para aumentar el significado de la vida y agregar un mayor valor. El enfoque de la vida para ti está principalmente en el pasado y constantemente estás buscando datos y retroalimentación que el pasado puede ofrecerte.

Eres una persona que toma grandes medidas en tus decisiones y siempre estás buscando más datos para obtener más sabiduría en tu decisión.

Eliminar pensamientos del pasado de tu mente es un patrón natural en ti cuando encuentras mayor valor y significado en algo nuevo.

Los idealistas creen que todo el mundo tiene o debe tener sus ideales y su ética. Están orientados a los detalles hasta el punto de ser demasiado perfeccionistas. A menudo, algo es lo mejor o lo peor, sin puntos intermedios.

Creen en el honor y viven según un código ético universal. Cuando no lo hacen, se convierte en una cuestión de orgullo, el cual tienen demasiado. Necesitan aprender a tener paciencia perfectamente.

Su ideal es manifestar sus ideas y objetivos de inmediato. Esto a veces se interpone en su camino y, por lo tanto, tienden a adelantarse a sí mismos, tratando de entrar en acción (generalmente una acción masiva) lo más rápido posible.

Su filosofía es vivir y actuar sabiamente en su esfuerzo por construir y poner orden en un mundo imperfecto.

Los idealistas son el tipo más raro. Pueden ser solitarios y, a menudo, muy ricos. Muchos viven en Inglaterra y Canadá. Un pequeño porcentaje de los idealistas vive en los Estados Unidos y otras partes del mundo.

ORDEN DE ACTIVACIÓN DEL IDEALISTA:

1)	Sonido; Referencia: Valores y Significado

2)	Tacto; Decisión: Relaciones

3)	Gusto; Motivador: Carácter, Procesos

4)	Vista; Referencia: Ideas, Razones, Conceptos

5)	Olfato; Decisión: Estrategias

6) Energía; Motivador: Acción e Intuición

CONCEPTUALISTA:

Es posible que te llamen una persona Visionaria, siempre capaz de ver y tener ideas para ayudar a otros en los caminos de la vida. Eres muy lógico y detallado en tu pensamiento. El cambio puede resultarte fácil, especialmente cuando pertenece al pasado.

Es muy poco lo que extrañas de lo que sucede a tu alrededor, aunque podrías tener dificultades con la forma en que realmente se relaciona contigo. A veces puedes tener dificultades con tus intuiciones, especialmente cuando significan que debes cuestionar las intuiciones que ya has tenido. La mejor manera de lidiar con esto es cuestionarte sobre las intuiciones actuales y pasadas y no tomar ninguna acción por un corto período de tiempo. Puedes ser mejor esperar y observar y aparecerá la respuesta.

Los conceptualistas son los "Cerebros" de la Familia Humana. Son los pensadores, extremadamente inteligentes y muy lógicos. Suelen ser muy disociados y "digitales", con un apetito insaciable de información. Les encantan los libros y la lectura.

Los conceptualistas tienen buenos recuerdos; especialmente con respecto a la gloria del pasado. También pueden ser bastante moralistas y engreídos. Pueden convertirse fácilmente en tradicionalistas burocráticos muy pesados.

A veces son extravagantes y están de mal humor, tienen un umbral bajo para la ambigüedad, ya que quieren ver la causa de las cosas. Necesitan saber que saben y se sienten impotentes si no saben. Esto es muy importante para ellos porque están muy motivados a sentir una gran sensación de poder personal.

Muchos Conceptualistas viven en Inglaterra y Canadá. Un pequeño porcentaje de Conceptualistas vive en los Estados Unidos y otras partes del mundo.

ORDEN DE ACTIVACIÓN DEL CONCEPTUALISTA:

1) Vista; Referencia: Ideas, Razones y Conceptos

2) Olfato; Decisión: Estrategias

3) Energía; Motivador: Acciones e Intuiciones

4) Sonido; Referencia: Valores y Significado

5) Tacto; Decisión: Relaciones

6) Gusto; Motivador: Carácter

RELACIONALISTA:

Estás enfocado en el presente y puedes ser muy amable y cariñoso con el mundo que te rodea. Eres muy informativo sobre la forma en que las diferentes cosas del mundo pueden relacionarse con otras cosas. Tienes tendencia a cuestionarte mucho y, en ocasiones, puede resultarte difícil reconocer el papel que desempeñas en el mundo que te rodea.

Muchas personas buscan comodidad, aunque no siempre estás seguro de ver tus propias fortalezas en tu capacidad para ayudarlos. Debido a esto, a veces eres un poco codependiente y esto se puede superar creyendo más en ti mismo y confiando en tus intuiciones. También puedes fortalecerte no tomando acciones siempre en el presente, sino dejando que la vida se arregle por sí sola.

Los relacionalistas son personas: son trabajadores naturales de la red capaces de construir conexiones sólidas entre ellos y los demás. Pueden ser muy cariñosos y maternales, así como muy orientados a los logros.

Desafortunadamente, quieren mantener sus relaciones a toda costa incluso a costa de ellos mismos. Muchos son codependientes, facilitadores que son víctimas de su propio sacrificio. Esto sucede porque a menudo suelen tener Otras Referencias. Su Desafío de Vida es convertirse en su propia autoridad. Sienten que no son nada sin las relaciones. Algunos caen presa del autoengaño.

Los relacionalistas tienen una tendencia a evitar activamente a las personas y las cosas que no les gustan o con las que se relacionan negativamente. Harán esta evitación hasta que algún estímulo los abrume.

Hay tres tipos de Relacionalistas

A. El Ayudante; Alguien que brinda asistencia, apoyo. Como una locomotora adicional unida a un tren en la parte delantera, central o trasera. El Ayudante es alguien que estimula a otro directamente como una señal. El Ayudante brinda o presta ayuda, asistencia o servicio directa o indirectamente.

B. El Contraejemplo; El Contraejemplo va en contra del modelo estándar a veces en una dirección inversa, opuesta o contraria en oposición. Estas personas pueden responder oponiéndose y refutando a veces. Cuando maduran, son arquetipos muy originales como Platón y otros grandes constructores de caminos.

C. El triunfador; También llamado El Jefe. Los triunfadores son naturalmente exitosos para lograr un resultado final y pueden ver las cosas hasta su finalización. Consiguen sus logros por el gran esfuerzo que hicieron y generalmente salen victoriosos. Especialmente cuando tienen un propósito, producen la conclusión deseada.

Los relacionalistas constituyen más del 55% de la población estadounidense, así como la gran mayoría de hispanos y europeos como los franceses, los alemanes y los italianos. La mayoría de los negros también son Relacionalistas.

ORDEN DE ACTIVACIÓN DEL RELACIONALISTA:

1) Tacto; Referencia: Relaciones

2) Gusto; Decisión: Carácter

3) Sonido; Motivador: Valores y Significado

4) Energía; Referencia: Acción e Intuición

5) Vista; Decisión: Ideas, Razones y Conceptos

6) Olfato; Motivador: Estrategias

ACCIONISTA:

Eres muy intuitivo, aunque actúas demasiado rápido y con demasiada emoción. Tómate un tiempo para ver qué puede suceder antes de actuar y luego actúa. Tienes un problema para permitir que otros te ayuden y no confías lo suficiente en las relaciones que ya tienes. Incluso puedes ser terco a veces.

Eres una biblioteca de información y estás motivado a obtener más conocimientos para el futuro. Ofreces tu conocimiento libremente al mundo con las razones y pasos para aplicar el conocimiento.

Los accionistas son individualistas que disfrutan de su especialidad única: les gusta ser diferentes. Para ellos, su palabra es su vínculo. A menudo se sacrifican para cumplir una promesa. Son los mayores escépticos del mundo y pueden parecer hombres de hielo o doncellas, tacaños, egoístas y demasiado egocéntricos. Con frecuencia sufren de envidia.

A diferencia de los Relacionalistas, les cuesta mantener la conexión con los demás. A menudo sienten que viven la trágica vida del romántico incomprendido. Si no saben qué acción tomar, no están dispuestos y muchas veces no pueden actuar. Estar en movimiento significa vivir, significa propósito. Muchos son adictos al movimiento (Acciones). Tienen un problema con la ira y pueden ser muy furiosos.

Están motivados a ser la encarnación viva de sus ideales y están constantemente refinando y redefiniendo sus conocimientos y habilidades. El accionista, si es maduro puede ser muy sabio.

Hay tres tipos de Accionistas;

A) El individualista: El individualista muestra una gran independencia e individualidad en pensamiento y acciones. Abogan por la individualidad y el individualismo y son sensibles a las características particulares que los distinguen de los demás. Estos para ellos son un principio y un hábito hasta cierto punto, en momentos de no perseguir intereses comunes o colectivos.

B. El observador: El observador es bueno simplemente observando e informando sucesos y eventos. Simplemente observan, esto puede hacer que otros no siempre los aprecien, ya que rara vez se involucran personalmente. Tienen una tendencia natural a informar eventos y sucesos, y podrían observarlos acercarse a la situación. El Observador presta mucha atención a muchas cosas y por lo general considera cuidadosamente muchos eventos que ocurren al mismo tiempo.

C. El Hacedor: El Hacedor siempre está haciendo algo y hará las cosas con vigor y eficiencia. Se caracterizan por la acción y se distinguen de los dados a la contemplación. El Hacedor generalmente tiene un carácter divertido o excéntrico.

La mayoría de las personas de Escandinavia y Holanda son Accionistas. Representan aproximadamente el 25% de la población estadounidense, muchos de ellos Hispanos.

ORDEN DE ACTIVACIÓN DEL ACCIONISTA:

1) Energía; Referencia: Acciones e Intuición

2) Vista; Decisión: Ideas, Razones y Conceptos

3) Olfato; Motivador: Estrategias

4) Tacto; Referencia: Relaciones

5) Gusto; Decisión: Carácter

6) Sonido; Motivador: Valores y Significado

FUNCIONALISTA:

Los Funcionalistas constituyen el 75% de la población mundial. Eres bueno en los negocios y tu objetivo principal siempre es a favor de los planes de éxito del mañana. A veces puedes parecer un poco frío en tus relaciones personales. Tu visión del mundo se basa en procesos, valores y relaciones para que puedas estar muy dedicado a tu familia y amigos. Tu visión de ti mismo es el paso a paso para el éxito, por lo que puedes ser algo autocrítico. También puedes cuestionar tus propias acciones e intuiciones y tener problemas con tus razones para hacerlas.

El funcionalista arma las cosas. Trabajan en problemas utilizando su gran capacidad para absorber y digerir enormes cantidades de datos. Su procesamiento aleatorio, pero sistemático, forma estructuras organizadas cuyas partes trabajan juntas como engranajes finamente unidos.

Están motivados para buscar las ideas más importantes y se sienten bloqueados cuando toman estas soluciones y descubren que no pueden plasmarlas en un plan. Su primer pensamiento es la seguridad y la protección, por lo que encuentran formas de evitar la incomodidad y el dolor. Constantemente encuentran formas de mejorar la vida, pero desafortunadamente, pueden caer en la codicia y la glotonería mientras se esfuerzan por sentirse bien.

Estas personas poderosas tienen una curiosidad insaciable y, por lo tanto, suelen desarrollar una amplia gama de intereses y gustos. Aunque a veces tienden a ser soñadores optimistas y un poco ingenuos, esto se ve atenuado por su lado práctico.

Los funcionalistas, en grupos, tienden a luchar por la uniformidad, pero pueden respetar las idiosincrasias personales.

La mayoría de los japoneses son Funcionalistas. Algunas tribus indígenas de América del Norte y del Sur están compuestas en su mayoría por Funcionalistas. Se ha descubierto que algunos irlandeses de origen Celta también son de ese tipo.

ORDEN DE ACTIVACIÓN DEL FUNCIONALISTA:

1) Gusto; Referencia: Carácter

2) Sonido; Decisión: Valores y Significado

3) Tacto; Motivador: Relaciones

4) Olfato; Referencia: Estrategias

5) Energía; Decisión: Acciones e Intuición

6) Vista; Motivador: Ideas, Razones y Conceptos

ESTRATEGA:

Eres muy raro y tienes una gran capacidad para ser rico en cualquier curso que tomes en la vida. Tienes un gran conocimiento y sabes cuándo actuar o cuándo cuestionar antes de actuar. Los demás te ven por tus grandes habilidades, aunque no siempre las reconoces en ti mismo.

Los estrategas son planificadores, tácticos que resuelven las cosas de forma secuencial. Valoran la competencia y son los guardianes de la habilidad: son personas dedicadas y trabajadoras que prosperan en horarios ajustados.

Tienen problemas básicos de vida con el dinero y los riesgos, y a veces con el sexo. Como les gusta el "dulce olor del Éxito", viven con el peligro siempre presente de caer en la lujuria y la avaricia.

Los estrategas tienen miedo de hacer las cosas mal y no encajar. A veces tienen dificultades para encontrar lo que les gusta. Para compensar su falta de confianza en sí mismos con los demás, continuamente buscan formas de conectarse con un grupo que tenga valores estables y bien definidos.

Son muy leales a los demás a quienes respetan y admiran. Hay un corazón de Oro al final de su arco iris.

La mayoría de los chinos, taiwaneses y tibetanos son de este tipo, lo que los convierte en el porcentaje más alto de la población mundial. Algunas tribus indígenas de América del Norte y del Sur están compuestas principalmente por Estrategas.

Es posible que a veces tengas dificultades en tu relación con Dios.

ORDEN DE ACTIVACIÓN DEL ESTRATEGA:

1) Olfato; Referencia: Estrategias

2) Energía; Decisión: Acciones e Intuición

3) Vista; Motivador: Ideas, Razones y Conceptos

4) Gusto; Referencia: Carácter

5) Sonido; Decisión: Valores y Significado

6) Tacto; Motivador: Relaciones

TEORÍA DE LA TRANSFORMACIÓN HUMANA HOLOGRÁFICA VISIÓN DEL MUNDO Y VISIÓN DE SÍ MISMO

LOS OPUESTOS SE ATRAEN Y LOS PROCESOS Y RAZONES DE ESTO

Seguramente has escuchado el dicho "Los opuestos se atraen", esto también se aplica a los diferentes órdenes de activación de la personalidad sensorial. Hay órdenes de activación sensorial que son completamente opuestos entre sí. En el Mapa Humano Holográfico, los sentidos del lado derecho al lado izquierdo, justo uno frente al otro (opuestos) tienen un orden de activación opuesto, reflectante, del sentido que tienen en frente. El Idealista está en la parte superior derecha del mapa, justo enfrente de este, el Conceptualista en la parte superior izquierda. Sus órdenes de activación son completamente opuestos entre sí. El Relacionalista ubicado en el lado derecho entre los hombros y el área de la cintura y el Accionista en el lado izquierdo del cuerpo y del mapa tienen órdenes de activación completamente opuestos. El Funcionalista en el lado derecho del mapa corporal, de la cintura para abajo, y el Estratega, ubicado en el lado izquierdo, tienen órdenes de activación completamente opuestos.

Los sentidos de referencia siguen siendo los mismos, el primero y el cuarto sentido activados, el segundo y el quinto son el mismo sentido y el tercer y sexto sentido activados son el mismo sentido con órdenes de activación opuestos. Hay otras Funciones, Programas de Compresión de Datos y

Elementos que también respaldan este hecho de que los opuestos son reflejos entre sí independientemente de la descripción de la personalidad. Ser opuestos también significa que si el orden de activación de la personalidad opuesto carece de algo, su orden de activación opuesto puede reemplazarlo. Esto crea una atracción subconsciente natural hacia lo opuesto en un intento de sentirse completo. Con cada una de las Funciones Sensoriales, Programas de Compresión de Datos y Elementos, y el ser opuesto a otro, existe una atracción natural, pero generalmente se relaciona con lo que hace falta en las habilidades de cada uno. Los primeros tres sentidos activados en cualquier orden de activación sensorial es la forma en que el tipo de personalidad sensorial saluda y nutre al mundo. Los últimos tres sentidos activados en cualquier orden de activación sensorial es la forma en que el tipo de personalidad sensorial saluda y nutre al yo. Este es el proceso de atracción de los opuestos, sus órdenes de activación sensorial nutren naturalmente al yo en su opuesto.

Esta relación de atracción de opuestos puede crear una relación codependiente cuando ambos o cualquiera de los individuos tiene bloqueos en su orden de activación sensorial. Esto también explica la razón por la que los órdenes de activación de la misma personalidad sensorial, naturalmente, pueden no agradarse entre sí. Todo esto es programación subconsciente y, aunque el individuo puede pensar que sabe lo que no le gusta del otro individuo, la Teoría de la Transformación Humana Holográfica es la verdadera razón detrás de esto. Esto también es cierto para comprender la atracción natural que un individuo tiene por otro individuo. Cuando un individuo no tiene bloqueos sensoriales subconscientes en su programa/modelos, no se siente atraído ni repelido de forma natural por nadie.

Todos tenemos bloques sensoriales y estos niegan el acceso a los modelos de programa en los que se bloquean los datos sensoriales. Cada uno de los sentidos tiene su propia función, elementos y metaprogramas y cualquier sentido bloqueado nos deja sin conocer los datos y modelos de programa asociados con el sentido bloqueado. Tenemos una naturaleza inconsciente natural para atraer a otra persona que tenga un bloqueo sensorial en un sentido en el que no tenemos bloqueo. Atraemos naturalmente a otras personas que no tienen bloqueos en los sentidos en los que estamos bloqueados. Por lo tanto, atraídos naturalmente el uno por el otro, el problema es que, en lugar de lidiar con nuestros propios bloqueos (problema), dependemos de otros para adaptarnos y solucionar nuestro problema a través de esta atracción natural.

Este proceso es natural y ha sucedido a lo largo de los siglos de la humanidad, aunque la respuesta es bastante simple, aprende a identificar tu propio orden de activación, tus propios bloqueos sensoriales y aprende las formas de eliminar tus bloqueos sensoriales. Cuando nuestros propios sentidos están bloqueados y nos falta dentro de nosotros mismos los aspectos de los modelos de programa de esos sentidos bloqueados, naturalmente buscamos a otros para que llenen esas áreas vacías. Todo esto es un proceso inconsciente y es solo un proceso natural para hacer que uno mismo se sienta más completo e íntegro. El resultado es que cuando estamos cerca de o con el otro individuo, tenemos una mayor "sensación" de integridad nuevamente, sin la persona nos sentimos incompletos, vacíos y no íntegros.

EL LENGUAJE CORPORAL Y TU ORDEN DE ACTIVACIÓN DE LA PERSONALIDAD SENSORIAL

Según tu orden de activación de personalidad sensorial, tendrás un patrón específico de posiciones corporales, gestos y movimientos. Un Idealista tendrá una tendencia a tener el brazo izquierdo en el área de la cadera y gesticular más con el brazo izquierdo. Un Conceptualista tendrá su pie y pierna derechos más activos en sus gestos. Un Relacionalista moverá su pierna y pie izquierdos y con esta área hará más gestos a medida que procesa la información. El Accionista a menudo tiene la cabeza inclinada hacia el lado derecho durante su procesamiento. El Funcionalista tendrá la cabeza más hacia el lado izquierdo durante el procesamiento y el Estratega gesticulará y se posicionará más con el brazo derecho.

Hay muchos otros aspectos de la lectura del lenguaje corporal basados en el mapa y en las órdenes específicas de activación sensorial. Practica leer tu propio lenguaje corporal y el de los demás. No puedes hacer esto demasiado, cuanto más lo hagas, más aprenderás sobre ti y los demás. Cuanto más aprendas sobre ti y los demás, más capaz serás de aprender a sanarte a ti mismo. La conciencia humana puede engañarte haciéndote creer algo que no es verdad, el cuerpo humano no miente ni te engaña. El cuerpo humano tiene estructuras, patrones y procesos mediante los cuales simplemente opera en cada uno de nosotros y eso es todo lo que está haciendo cuando hacemos algo. En las pruebas de detección de mentiras el equipo se conecta al cuerpo para leer las funciones subconscientes, y esto puede mostrar si alguien está mintiendo o es honesto, independientemente de cuán convencido pueda estar el consciente del individuo. La ubicación de nuestra respiración, el grado de rubor, un tartamudeo, un suspiro, las funciones subconscientes del cuerpo humano están estructuradas, modeladas y procesadas en base a lo que nos hace humanos.

ÓRDENES DE ACTIVACIÓN OPUESTOS

El Idealista y el Conceptualista son opuestos

ORDEN DE ACTIVACIÓN DEL IDEALISTA:

1) Sonido; Referencia: Valores y Significado

2) Tacto; Decisión: Relaciones

3) Gusto; Motivador: Carácter, Procesos

4) Vista; Referencia: Ideas, Razones y Conceptos

5) Olfato; Decisión: Estrategias

6) Energía; Motivador: Acción e Intuición

ORDEN DE ACTIVACIÓN DEL CONCEPTUALISTA:

1) Vista; Referencia: Ideas, Razones y Conceptos

2) Olfato; Decisión: Estrategias

3) Energía; Motivador: Acciones e Intuiciones

4) Sonido; Referencia: Valores y Significado

5) Tacto; Decisión: Relaciones

6) Gusto; Motivador: Carácter

El Relacionalista y el Accionista son opuestos

ORDEN DE ACTIVACIÓN DEL RELACIONALISTA:

1) Tacto; Referencia: Relaciones

2) Gusto; Decisión: Carácter

3) Sonido; Motivador: Valores y Significado

4) Energía; Referencia: Acción e Intuición

5) Vista; Decisión: Ideas, Razones y Conceptos

6) Olfato; Motivador: Estrategias

ORDEN DE ACTIVACIÓN DEL ACCIONISTA:

1) Energía; Referencia: Acciones e Intuición

2) Vista; Decisión: Ideas, Razones y Conceptos

3) Olfato; Motivador: Estrategias

4) Tacto; Referencia: Relaciones

5) Gusto; Decisión: Carácter

6) Sonido; Motivador: Valores y Significado

El Funcionalista y el Estratega son opuestos

ORDEN DE ACTIVACIÓN DEL FUNCIONALISTA:

1) Gusto; Referencia: Carácter

2) Sonido; Decisión: Valores y Significado

3) Tacto; Motivador: Relaciones

4) Olfato; Referencia: Estrategias

5) Energía; Decisión: Acciones e Intuición

6) Vista; Motivador: Ideas, Razones y Conceptos

ORDEN DE ACTIVACIÓN DEL ESTRATEGA:

1) Olfato; Referencia: Estrategias

2) Energía; Decisión: Acciones e Intuición

3) Vista; Motivador: Ideas, Razones y Conceptos

4) Gusto; Referencia: Carácter

5) Sonido; Decisión: Valores y Significado

6) Tacto; Motivador: Relaciones

LA REGLA DE LOS DOS SEGUNDOS Y EL MAPA DEL LENGUAJE CORPORAL HUMANO HOLOGRÁFICO

El consciente recibe 5, 7 o 9 bits completos de Datos del subconsciente cada 0,22 de segundo y el subconsciente procesa los datos en el subconsciente para el acceso consciente y a través de Compresiones de Datos, Modelos y Programas en 2 segundos. El subconsciente tiene la respuesta en solo 2 segundos. Entonces, cada vez que piensas o te preguntan algo, el subconsciente tiene la respuesta con todos los Datos almacenados en todos los programas dentro de los 2 segundos siguientes a cuando piensas o ingresas datos.

El cuerpo físico no puede evitar responder cuando se procesan los Datos. El sistema nervioso central se activa neurológicamente para comunicar los datos y el procesamiento, y hay una respuesta física a esto. Esta respuesta puede ser una respuesta a nivel macro o micro; hay una respuesta espontánea que es observable en los movimientos corporales o la posición. En realidad, tener la respuesta en el consciente o no es independientemente del hecho de que los Datos se hayan procesado y estén listos para el acceso consciente en el cerebro en 2 segundos. Esto refuerza el hecho de que todo lo que te gustaría saber conscientemente de tu subconsciente está listo para que lo sepas dentro de los 2 segundos siguientes a cuando quieres saberlo. Todos los programas/modelos, todo lo que hayas experimentado o aprendido está listo desde el subconsciente para el acceso consciente en 2 segundos. Son nuestras creencias limitantes, nuestros propios bloqueos sensoriales los que nos impiden experimentar esto de forma regular. Esta experiencia es humanamente posible y utilizando el Mapa Humano Holográfico puedes identificar la respuesta subconsciente dentro de los 2 segundos siguientes solo por la posición de tu cuerpo, sus gestos y movimientos.

EL ORDEN DE ACTIVACIÓN SENSORIAL AFECTA LA FORMA EN QUE EL SUBCONSCIENTE PROCESA LOS DATOS SENSORIALES

Aunque todos tenemos diferentes experiencias sensoriales y diferentes respuestas conscientes a estas experiencias sensoriales, las diferentes formas en que se procesan estos Datos a través de los diferentes órdenes de activación dan diferentes niveles de importancia a los diferentes modelos de programas sensoriales. Los Datos que conscientemente desearíamos que fueran una referencia en nuestras vidas podrían terminar siendo una decisión para nosotros en lugar de una referencia. Este proceso por sí solo puede hacer que nos decidamos por los Datos, pensando que estamos haciendo referencia a ellos cuando en realidad no lo estamos haciendo en absoluto. Todo el tiempo preguntándonos si la respuesta o reacción nuestra o de otra persona es tan diferente de lo que habíamos pensado o esperado. Con respecto a los sentidos motivadores basados en el orden de activación, pensar conscientemente que una experiencia nos motivará solo para darnos cuenta, que eventualmente limitó nuestra capacidad para lograr algo porque es a lo que hacemos referencia y no a un programa/modelo motivador subconsciente.

Con el mismo orden de activación sensorial la mayor parte de nuestras vidas, la misma base de modelos programados en los archivos sensoriales, nos resulta muy difícil cambiar los patrones de comportamiento o de pensamiento. El mero hecho de que diferentes datos sensoriales se procesen de manera diferente para diferentes funciones y elementos en el subconsciente nos da muy poco control sobre nuestros propios pensamientos, sentimientos y acciones. El aprender las funciones sensoriales, sus elementos, tanto en tu propio orden de activación como en el de los demás, nos da una gran ventaja para conseguir que nuestra propia mente consciente haga un mayor trabajo en lo que ya es capaz de hacer. Durante años, muchos han parecido simplemente "confiar" en sus propios conocimientos y respuestas conscientes y en las de los demás. Esta ni siquiera es la función de nuestra mente/cerebro consciente, no es solo el teclado y la pantalla de todo nuestro ser. La mente/ cerebro consciente cuando sabe las formas de trabajar con el subconsciente, cuando conoce su propia habilidad, es la creadora de programas, aplicaciones, teorías y cualquier cosa que puedas imaginar o incluso pretendas imaginar.

LOS PRIMEROS TRES SENTIDOS ACTIVADOS SE UTILIZAN PARA LOS PROGRAMAS, MODELOS, CREENCIAS Y COMPORTAMIENTOS DE LA VISIÓN EXTERNA DEL MUNDO

Según tu orden de activación sensorial, ves y saludas a tu mundo a través de tus primeros tres sentidos activados. Esto significa que tus Funciones sensoriales, Programas de Compresión de Datos, Elementos y Referencias, Decisiones y Motivadores, todos combinados, crean la forma en que ves el mundo. Esto limita tu capacidad para ver el mundo de manera diferente a las estructuras, patrones y procesos incluidos en estos tres primeros sentidos activados en tu orden de activación sensorial. Una vez más, sí, los programas en sí pueden ser diferentes en función de las diferentes experiencias sensoriales y las diferentes respuestas conscientes, aun así, la naturaleza de la visión del mundo se limita solo a las estructuras, patrones y procesos disponibles de estos tres primeros sentidos. Todos podemos ver el mundo de manera diferente basándonos en la experiencia personal, aunque la visión del mundo en general sigue siendo solo estos tres primeros sentidos.

Esta Visión del mundo es el desencadenante de las disfunciones de la Visión de ti mismo y las repeticiones de programas limitantes. Cambiar la Visión del mundo cambiará la Visión de ti mismo del ciclismo a pesar de sus comportamientos disfuncionales. La forma en que vemos el mundo es una Totalidad, que consta de 3 Elementos separados, estos 3 Elementos son:

1er Elemento, Individuo, asociado con el sentido del Sonido y la Vista.

2do Elemento, Familia, asociado con el sentido del Tacto y la Energía.

3er Elemento, Sociedad, asociado con el sentido del Gusto y el Olfato.

Entonces, a través de los primeros 3 sentidos activados en tu orden de activación para tu visión del mundo, el primer sentido, que es por supuesto un sentido de Referencia, podría ser cualquiera de los Tres Elementos de la Totalidad de tu Visión del Mundo. Esto significa que tu referencia de Visión del mundo podría ser Individualista, Familiar o Social. El segundo sentido que se activa en cada orden de activación son los sentidos de Decisión y la visión del mundo para las Decisiones puede ser individualista, familiar o social. El tercer sentido activado como sentidos Motivadores también podría ser individualista, familiar o social. Dependiendo del orden de activación y del Elemento de la Visión del mundo, en realidad podríamos estar funcionando sobre una base subconsciente muy diferente de lo que pensamos que somos sobre una base consciente.

La Visión del mundo es Holográfica de lo que la Visión de ti mismo necesita (le hace falta) pero también es capaz de hacer. La Visión del mundo es similar a la naturaleza de atracción de opuestos de nuestro ser humano. No podemos ver algo que aún no sabemos o en lo que no creemos. No podemos ver algo con lo que no nos relacionamos o con lo que no nos correspondemos de alguna manera. A medida que cambia la Visión de ti mismo, la percepción de la Visión del mundo cambiará. La Visión de ti mismo cambia a medida que cambia la Visión del mundo. La Visión del mundo puede crear o destruir tu Visión de ti mismo y tus últimos tres sentidos activaron programas disfuncionales, de la Visión de ti mismo, se activan en base a la Visión del mundo.

Literalmente, los datos sensoriales recibidos de la Visión del mundo están destinados a ayudar a la Visión de ti mismo a identificar sus debilidades y convertirlas en fortalezas personales. Ejemplo de Visión del mundo como Funcionalista, el 1er y 4to sentido del Gusto y Olfato (futuro), creencia sobre el carácter (referencia 1er sentido), hace que la conciencia reconozca la visión del mundo basada en los rasgos de carácter de las personas para desencadenar la Visión de ti mismo, futuro, Olfato, Estrategias (4to sentido de referencia), Creencias de Visión de ti mismo acerca de las estrategias que son capaces de hacer ellos mismos en el futuro. Por lo tanto, hace referencia a los rasgos de carácter del mundo para mejorar las creencias autolimitantes sobre sus propias estrategias. El 2do y 5to sentidos, Sonido y (Energía) Pasado, Valores, Ética y Significado (Decisión, 2do sentido) hace que te des cuenta basado en los valores pasados de la Visión del mundo, la Ética y los Significados para activar el Presente de Energía de la Visión de ti mismo, las Intuiciones y las Acciones (Decisión, 5to sentido) para notar los valores pasados, la ética, los significados de la visión del mundo para hacer que tomes decisiones en tu presente sobre tus propias intuiciones y tus propias acciones. El 3er y 6to sentidos del Tacto y (Vista) Presente, Relaciones y la forma en que se relacionan las cosas (motivador, 3er sentido), has percibido la Visión del Mundo a partir de las relaciones presentes y la forma en que las cosas se relacionan en el mundo para el Pasado de Vista de la Visión de ti mismo, Ideas, razones y conceptos (motivador, 6to sentido) para motivarte en base a tu propio pasado y tus ideas, razones y conceptos de tu pasado.

Sigue tu propio orden de activación sensorial y familiarízate con tu orden de activación. Familiarízate con tu visión del mundo y tu propia visión. Todo lo que veas de tu mundo a través de tus primeros tres sentidos se basará en todo lo que necesitas en tu Visión de ti mismo, tus últimos tres sentidos. Una vez que te hayas convertido en un individuo más completo, tu visión del mundo se volverá más completa. Practica entendiendo tu visión del mundo basándote en tu Visión de ti mismo e incluso hacer esto podría ayudarte a cambiar tu visión del mundo. Cambiar tu visión del mundo cambiará automáticamente tu Visión de ti mismo.

Lo que resistimos persiste. Si seguimos resistiendo nuestra propia visión del mundo, si seguimos culpando a los demás de nuestra visión del mundo, estamos resistiendo nuestras propias fortalezas internas. Cuanto más nos resistimos a las fortalezas propias, más persiste nuestra visión del mundo.

Cuando conozcas tus tres primeros sentidos activados, podrás conocer y comprender fácilmente tu visión del mundo. El orden de activación y tu visión del mundo son el factor determinante subconsciente de si están orientados Individual, Familiar o Socialmente en tus Referencias, Decisiones o Motivadores. Estos son solo la naturaleza de las estructuras, patrones y procesos subconscientes, pero tienen un efecto poderoso en todo nuestro ser. Conociendo y comprendiendo tu visión del mundo, ¿te funciona? Si tuvieras la opción hoy de tener estos sentidos y sus modelos de programa como tu visión del mundo, ¿son los que preferirías? Los escoges cuando los aprendes. Recibes la información en tu mente consciente desde tu mente subconsciente y decides si te gustarían más datos o datos diferentes, y más y diferentes opciones de modelos de programas.

La Visión del mundo es crucial para las respuestas de tu Visión de ti mismo y puedes cambiar la visión del mundo cuando te des cuenta o veas lo que es, con este detalle.

Ejemplo de Visión del mundo basada en el orden de activación del Relacionalista:

Como Relacionalista, por ejemplo, según tu orden de activación; Tu primer sentido es el Tacto, el segundo sentido es el Gusto y el tercer sentido es el Sonido, por lo tanto, tus Elementos de la Visión del mundo consisten en lo siguiente: El 1er sentido activado es el Tacto, la Visión del mundo es "Familia" y un sentido de Referencia se ve basado en las relaciones presentes y sabiendo las formas en que las cosas se relacionan preguntando mucho "¿Quién?". El 2do sentido que activado es el Gusto; la Visión del mundo es "Sociedad" y es un sentido de Decisión sobre el futuro y Creencias sobre el carácter y los procesos de las cosas, preguntándote mucho "¿Cómo?". El 3er sentido activado es el Sonido; La visión del mundo es "individualista" y un sentido Motivador se basa en el pasado y el significado y los valores del pasado y pregunta mucho "¿Qué?".

LOS ÚLTIMOS TRES SENTIDOS ACTIVADOS SE UTILIZAN PARA PROGRAMAS, MODELOS, CREENCIAS Y COMPORTAMIENTOS DEL YO; VISIÓN PROPIA INTERNA

Los últimos tres sentidos activados en el orden de activación sensorial son los tres sentidos utilizados para crear la Visión de ti mismo. La Visión de ti mismo es una Totalidad y como tal consta de tres Elementos separados. 1er Elemento "Mí" Yo abstracto; Asociado con el sentido del Sonido y la Vista. 2do elemento "Yo mismo" Yo reflexivo, Yo temporal del individuo, anticipando un yo antiguo o un yo principal. 3er elemento "Yo" "Uno mismo" el conjunto de todos los aspectos que constituyen la individualidad de la persona.

La Visión de ti mismo es la estructura, el patrón y los procesos que se utilizan para saludarnos y nutrirnos.

La Visión de ti mismo es la visión que mostrará los patrones más disfuncionales en respuesta a la Visión del mundo. La Visión del mundo y todas sus estructuras sensoriales, patrones y procesos se forman para hacer que la Visión de sí mismo admita sus creencias autolimitantes y las supere. Familiarízate con tu orden de activación sensorial, con las funciones y todos los sentidos de tu mundo y con el progreso de tu Visión de ti mismo. El propósito de la Visión del mundo es ayudar a que la Visión de sí mismo crezca hasta un mayor potencial. Las funciones sensoriales y los Elementos de tu orden de activación a tu Visión de ti mismo describen las cosas que haces repetidamente dependiendo de la naturaleza desde la que estás viendo el mundo.

En realidad, tanto la Visión del mundo como la Visión de ti mismo están trabajando para eliminar tus limitaciones autoimpuestas, para empujarte a crecer y cambiar. La realidad es que ninguna de las dos son visiones reales, ambas son estructuras, patrones y procesos del cerebro que trabajan para levantarte, no para derribarte.

Si, por ejemplo, eres un Relacionalista, tu Visión de ti mismo son los últimos tres sentidos activados, los sentidos de la Energía, la Vista y el Olfato. Tu percepción de la Visión de ti mismo y muchos de tus patrones de comportamiento disfuncionales desencadenados por tu Visión del mundo tendrán el siguiente efecto en ti basado en la función sensorial y el Elemento del 4to sentido (primero en la Visión de ti mismo), Elemento de Energía "Yo mismo" autoevidente/yo abstracto. Sentido de Referencia: Tus acciones e intuiciones en tu presente se convierten en Referencias de tu yo abstracto con patrones disfuncionales que responden a la Visión del mundo "Familiar" a través del sentido del Tacto (relaciones). Te deja preguntándote "¿Cuál?". 5to sentido (segundo en la Visión de ti mismo); Vista, Elemento "Yo mismo" yo común típico. Sentido de Decisión: Tus ideas, razones y conceptos basados en tu pasado se vuelven disfuncionales basados en la Visión del mundo "Social" del sentido del Gusto (carácter). Te deja preguntándote "¿Por qué?". 6to sentido (tercero en la Visión de ti mismo) Olfato, Elemento "Yo" Totalidad del individuo. Sentido Motivador: Tus creencias sobre tus estrategias se vuelven disfuncionales en función de tu Visión del mundo "individual" desde el sentido del Sonido, te deja preguntándote "¿Dónde?".

Orden Relacionalista de la Visión del mundo en respuesta de la Visión propia

1. Tacto; Quién; puede activar la Energía; Cuál; Acción.

    Entonces, las relaciones en el presente pueden activar acciones en el presente. "Familia"; la Visión del mundo sirve para sacar a relucir las fortalezas de "Yo mismo"; Visión de ti mismo común, abstracciones del yo. La Visión del mundo "familiar" sirve para lidiar con nuestras debilidades de la visión propia del "Yo mismo" con respecto a nuestros rasgos comunes.

2. Gusto; Cómo; puede activar la Vista; Por qué; Idea y Razón. La visión del mundo "Social" sirve para traer nuestras fortalezas de la visión propia del "Mí"; Visión de ti mismo típica común.

    Entonces, las Creencias sobre el carácter del futuro pueden activar ideas, razones y conceptos del pasado. La Visión del mundo "Social" sirve para lidiar con nuestras debilidades de la visión propia del "Mí" con respecto a la visión de ti mismo típica y común.

3. Sonido; Qué; puede activar el Olfato; Dónde; Función. La Visión del mundo "Individual" sirve para resaltar las fortalezas de la visión propia del "Yo", la Totalidad del Individuo.

    Entonces, los Valores y el significado del pasado pueden activar estrategias para el futuro. La Visión del mundo "Individual" sirve para lidiar con nuestras debilidades de la visión propia del "Yo", la Totalidad del Individuo.

Practique verbalizar los diferentes órdenes de activación sensorial y sus Funciones, Programas de Compresión de Datos y sus Elementos en lo que respecta a la Visión del mundo y la Visión de ti mismo. Aplica esto a ti mismo y a los que conoces y ve la comprensión personal que esto puede te puede ayudar a obtener con respecto a usted ti y a los demás.

EL ORDEN DE ACTIVACIÓN SENSORIAL EFECTA LA FORMA EN QUE EL SUBCONSCIENTE PROCESA LOS DATOS SENSORIALES POR:

1. **Los primeros tres Sentidos activados se utilizan** para Programas, Modelos, Creencias y Comportamientos de la **Visión del mundo** externo.

2. **Los últimos tres Sentidos disparados se utilizan** para Programas, Modelos, Creencias, Comportamientos del Ser, **Visión Propia** Interna.

CAPÍTULO 5

BLOQUEOS SENSORIALES EN EL ORDEN DE ACTIVACIÓN Y SU EFECTO

LO QUE SABES HASTA ESTE PUNTO DE LECTURA DEL LENGUAJE DEL CUERPO HUMANO BASADO EN LA TEORÍA DE LA TRANSFORMACIÓN HUMANA HOLOGRÁFICA

Los diferentes sentidos humanos y sus ubicaciones en las seis diferentes áreas del cuerpo están seccionados en el Mapa Humano Holográfico. Cada Función, Programa de Compresión de Datos y Elemento de cada sentido humano, el Sonido Eliminando por Similitud, Valores, Ética, Significados; la Vista Eliminando por Diferencia, Ideas, Razones, Conceptos; el Tacto Distorsionando por Amplificación, Relaciones; Energía, Acciones, Intuiciones, Distorsión por Disminución; Gusto, Creencias sobre el carácter, Generalizadas por Similitud; Olfato, Creencias sobre Estrategias, Generalizadas por Diferencia.

Dibuja el Mapa del Cuerpo Humano Holográfico y coloca los sentidos, sus preguntas principales, las funciones de los sentidos, los Programas de Compresión de Datos y algunos de los Elementos en el mapa. Identifica tu orden de activación en el mapa y memoriza esta información.

¿QUÉ SABES AHORA DE LOS SERES HUMANOS BASÁNDOTE EN ESTA INFORMACIÓN?

Sonido; Los Valores Humanos, la Ética y el Significado se eliminan automáticamente del acceso consciente y de los modelos de programa una vez que se convierten en los "mismos" (repetidos muchas veces). El efecto de esto es que podemos escuchar un mismo Valor, Ética o Significado y no reconocerlo como el "Mismo" que en nuestro programa y, por lo tanto, no escuchar o reconocer lo que realmente dicen o presentan otras personas o en nuestras propias vidas. Visión; Elimina por diferencia, por lo que las Ideas, Razones y Conceptos que son diferentes a los nuestros o lo que ya conocemos se eliminan y no se consideran válidos. (Estos tienen que repetirse y convertirse en el "Mismo" para que la conciencia los perciba). Tacto; Distorsiona las relaciones amplificando sus efectos. Energía; Distorsiona la Acción y las Intuiciones al disminuir esos efectos. Gusto; Generaliza la Creencia sobre el carácter por Similitud. Esto categoriza los rasgos de carácter de las personas en función de unas pocas características, como que todos los políticos son mentirosos. Olfato; Generaliza la Creencia sobre las Estrategias por Diferencia. Esto hace que, naturalmente, sigamos cambiando nuestros enfoques sobre la forma de hacer algo porque es posible que no haya funcionado la primera vez. Diremos cosas como, "Oh, ya lo intenté y no funciona".

IDENTIFICA TUS BLOQUEOS SENSORIALES NEUROLÓGICOS Y LAS FORMAS SIMPLES DE ABRIR ESOS BLOQUEOS, CONVIÉRTETE EN UN MEJOR TÚ. ABRE TU CAMINO INTERNO AL ÉXITO

Siempre que hablamos, pensamos, sentimos y nos comunicamos a través de nuestro sistema corporal integral, somos holográficos. Las palabras que decimos, los pensamientos que tenemos, las emociones que sentimos, los comportamientos que mostramos provienen del cerebro y todos están conectados en todo nuestro cuerpo a través de nuestro Sistema Nervioso Central y otros órganos y sistemas corporales. Aprender los conceptos básicos simples del Mapa Humano Holográfico te ayudará a conocer el área sensorial exacta de tus áreas bloqueadas o limitadas para que puedas abordarlas y superar tus limitaciones y bloqueos.

Hay muchos enfoques para el cambio y el crecimiento en nuestras vidas. Como cualquier otro, este requiere consistencia de aplicación. La Teoría de la Transformación Humana Holográfica es un enfoque que te ayudará a ser más de lo que en realidad eres capaz de ser. Todos somos seres increíbles. Nadie nace para sufrir y ser miserable en la vida. Cada ser tiene un gran potencial interior. La vida nos sobreviene y comenzamos a preguntarnos, dudar y cuestionar. Ya sea que este enfoque de la vida esté dirigido a nuestra Visión del mundo o nuestra Visión de sí mismos, terminamos siendo lastimados por esto. El cerebro humano sobrepasa todo lo que el hombre haya creado, nuestras experiencias de vida son 50% de datos sensoriales y no todos estos datos sensoriales son agradables. De hecho, parte de ellos son francamente horribles y han lastimado a las personas durante muchos años de su vida.

EL PROCESO DE PREGUNTAS HUMANO HOLOGRÁFICO

Hacer el Proceso de Preguntas Primario Humano Holográfico basado en el orden de activación sensorial de tu personalidad puede ayudar a abrir los bloqueos sensoriales. Hacer este proceso de Preguntas repetidamente durante el tiempo que puedas, hasta 30 minutos seguidos, es un buen comienzo.

Comienza tomando una declaración del Problema como; "Me cuesta mucho sentirme abierto en mis relaciones".

A partir de este punto, comienza haciendo la Pregunta Principal de tu primer sentido activado. Tomando la respuesta de esta pregunta, haz la Pregunta Principal de tu segundo sentido activado. Tomando la respuesta de esta pregunta, haz la Pregunta Principal del tercer sentido activado Tomando la respuesta de esta pregunta, haz la Pregunta Principal del cuarto sentido disparado. Tomando la respuesta de esta pregunta, haz la Pregunta Principal del quinto sentido activado. Tomando la respuesta de esta pregunta, haz la Pregunta Principal del sexto sentido activado.

Sigue repitiendo este proceso durante el tiempo que puedas repetirlo. Es fantástico si puedes hacer que este proceso de orden de preguntas se repita hasta el punto en que realmente comiences a pensar y hablar en este orden.

La repetición al hacer este proceso de orden de preguntas obliga al subconsciente a comenzar a disparar a través de los sentidos bloqueados y comenzar a abrir estos bloqueos para que el consciente pueda acceder.

Cuando hagas la Pregunta Principal, asegúrate de basar la siguiente Pregunta Principal en la respuesta de la pregunta anterior, incluso si la respuesta a la pregunta anterior es "No sé", luego si la siguiente Pregunta Principal es "¿Por qué?", entonces pregunta "¿Por qué?" es que no sabes.

ORDEN DE ACTIVACIÓN DEL IDEALISTA:

1) Sonido; <u>Referencia</u> Valor y Significado; **QUÉ**

2) Tacto; <u>Decisión</u> Relaciones; **QUIÉN**

3) Gusto; <u>Motivador</u> Carácter; **CÓMO**

4) Vista; <u>Referencia</u> Ideas, Razones y Conceptos; **POR QUÉ**

5) Olfato; <u>Decisión</u> Estrategias; **DÓNDE**

6) Energía; <u>Motivador</u> Acción e Intuición; **CUÁL**

ORDEN DE ACTIVACIÓN DEL CONCEPTUALISTA:

1) Vista; <u>Referencia</u> Ideas, Razones y Conceptos; **POR QUÉ**

2) Olfato; <u>Decisión</u> Estrategias; **DÓNDE**

3) Energía; <u>Motivador</u> Acción e Intuición; **CUÁL**

4) Sonido; <u>Referencia</u> Valor y Significado; **QUÉ**

5) Tacto; <u>Decisión</u> Relaciones; **QUIÉN**

6) Gusto; <u>Motivador</u> Carácter; **CÓMO**

ORDEN DE ACTIVACIÓN DEL RELACIONALISTA:

1) Tacto; <u>Referencia</u> Relaciones; **QUIÉN**

2) Gusto; <u>Decisión</u> Carácter; **CÓMO**

3) Sonido; <u>Motivador</u> Valor y Significado; **QUÉ**

4) Energía; <u>Referencia</u> Acción e Intuición; **CUÁL**

5) Vista; <u>Decisión</u> Ideas, Razones y Conceptos; **POR QUÉ**

6) Olfato; <u>Motivador</u> Estrategias; **DÓNDE**

ORDEN DE ACTIVACIÓN DEL ACCIONISTA:

1) Energía; <u>Referencia</u> Acción e Intuición; **CUÁL**

2) Vista; <u>Decisión</u> Ideas, Razones y Conceptos; **POR QUÉ**

3) Olfato; <u>Motivador</u> Estrategias; **DÓNDE**

4) Tacto; <u>Referencia</u> Relaciones; **QUIÉN**

5) Gusto; <u>Decisión</u> Carácter; **CÓMO**

6) Sonido; <u>Motivador</u> Valor y Significado; **QUÉ**

ORDEN DE ACITVACIÓN DEL FUNCIONALISTA:

1) Gusto; <u>Referencia</u> Carácter; **CÓMO**

2) Sonido; <u>Decisión</u> Valor y Significado; **QUÉ**

3) Tacto; <u>Motivador</u> Relaciones; **QUIÉN**

4) Olfato; <u>Referencia</u> Estrategias; **DÓNDE**

5) Energía; <u>Decisión</u> Acción e Intuición; **CUÁL**

6) Vista; <u>Motivador</u> Ideas, Razones y Conceptos; **POR QUÉ**

ORDEN DE ACTIVACIÓN DEL ESTRATEGA:

1) Olfato; <u>Referencia</u> Estrategias; **DÓNDE**

2) Energía; <u>Decisión</u> Acción e Intuición; **CUÁL**

3) Vista; <u>Motivador</u> Ideas, Razones y Conceptos; **POR QUÉ**

4) Gusto; <u>Referencia</u> Carácter; **CÓMO**

5) Sonido; <u>Decisión</u> Valor y Significado; **QUÉ**

6)   Tacto; <u>Motivador</u> Relaciones; **QUIÉN**

Generalmente, el Proceso de Preguntas Principales se refiere a una Declaración de Problema. Sin embargo, también puedes realizar este proceso de preguntas con respecto a una Declaración de Objetivos. Si utilizas este Proceso de Preguntas Humano Holográfico para un objetivo que deseas alcanzar, asegúrate de que tu "declaración de objetivos" esté redactada correctamente para que el subconsciente encuentre los datos que te ayuden a alcanzar la meta. **No uses Palabras Adictivas "quiero, necesito o tengo que tener", no uses la palabra "intentar" o "pero".** Ejemplos de Declaraciones de Objetivos para ayudar al subconsciente a comprender todo lo que buscas de él "Estoy trabajando en completar mi educación y tener un promedio de calificaciones de 3.5", "Estoy buscado de pagar todas mis deudas en 2 años". Asegúrate de que tu declaración de objetivos no suene como si "ya" lo hubieras logrado. El subconsciente, literalmente, no percibe, evalúa, juzga ni decide nada, solo recibe, procesa, almacena y transmite datos.

TODOS TENEMOS BLOQUEOS SENSORIALES CREADOS A PARTIR DE NUESTRAS EXPERIENCIAS DE VIDA

Ya sea que nuestras experiencias sensoriales sean de naturaleza positiva o negativa, todos tenemos bloqueos sensoriales en nuestros programas y modelos subconscientes. Un bloqueo sensorial simplemente significa que la Función, las Compresiones de Datos, los Elementos e incluso la experiencia sensorial en sí pueden ser más difíciles de acceder de manera consciente o incluso estar conscientes de ellos. Este acceso y conciencia pueden variar según el grado o la gravedad del bloqueo sensorial. Estos sentidos bloqueados y los programas son creados por una combinación de la experiencia sensorial misma Y nuestra respuesta consciente a la experiencia sensorial. Experiencias sensoriales como (sonido) ruidos fuertes o malas palabras, (vista) ver cosas aterradoras, (tacto) ser abusado físicamente, (energía) experimentar acciones o intuiciones negativas, emociones, (gusto) rasgos característicos negativos, tener un efecto físico de uno mismo o de otros, (olor), ser afectado físicamente por sus propias estrategias o las de otra persona. La respuesta consciente a estas experiencias es un factor clave en la creación o no de un bloqueo. Esta es la razón por la que algunas personas pueden experimentar abuso verbal, emocional y físico y aun así ser individuos exitosos, mientras que la mayoría de las demás personas tienen muchos bloqueos en sus habilidades para ser exitosos incluso en cosas simples.

ESTOS BLOQUEOS SON LA FUENTE DE PROBLEMAS DE NUESTRA VIDA, DE NUESTRAS EXPERIENCIAS TANTO PERSONALES COMO PROFESIONALES Y EN TODOS LOS NIVELES

Debido a la importancia de nuestros datos sensoriales y los programas, modelos y funciones para los que se utilizan para convertirnos en seres completos, un simple bloqueo en cualquiera de estos modelos de programas sensoriales puede hacer que nuestras relaciones sean naturalmente disfuncionales, valores y significados dañinos para nosotros mismos y para los demás, no tener acceso a ideas o razones o tener ideas y razones negativas, muy poco juicio de carácter y no estar abierto en absoluto a nuevos o diferentes procesos de hacer las cosas (estrategias). Obviamente, estas limitaciones pueden causar problemas repetitivos en nuestras vidas de los que seguimos culpando a los demás y de los que tratamos de huir. El problema, en realidad, todo el tiempo ha estado en nosotros, simplemente basado en nuestra programación de los datos sensoriales en nuestro entorno junto con nuestra respuesta consciente positiva o negativa. (Nuestros pensamientos, sentimientos y acciones acerca de los datos sensoriales). Esta respuesta consciente termina siendo solo un programa subconsciente y simplemente lo aceptamos, creyendo que la respuesta es nuestra propia Identidad. Y hemos comprado esto la mayor parte de nuestras vidas.

APRENDE A IDENTIFICAR TUS BLOQUEOS SENSORIALES MENTALES, EMOCIONALES Y FÍSICOS

Como se muestra en el Mapa Humano Holográfico, las áreas que indican la ubicación del sentido, su Función y los tres Programas Mayores de Compresión de Datos listados, también la posición y el gesto en referencia a estas ubicaciones si hay un bloqueo sensorial ubicado en ese sentido. Cuando una persona está pensando o hablando sobre algún problema y no es consciente de la causa del problema, su gesto y posicionamiento será el área del Mapa donde se ubica la respuesta. Si una persona dice, por ejemplo, "No sé la respuesta", sin embargo, mueve la mano o el brazo izquierdo, la respuesta es la que se indica en el Mapa del lado izquierdo entre el hombro y el área de la cadera, la respuesta está en el sentido de la Energía y tiene que ver con Acciones y/o Intuiciones, es Objetivo, y se ha Distorsionado al Disminuirlo o minimizarlo y es un problema emocional. Cuando te familiarices lo suficiente con los órdenes de activación y el mapa corporal para conocer tus propios órdenes de activación y los de los demás, también sabrás si el sentido bloqueado es de Visión del mundo o de Visión de sí mismo. Los bloqueos incluso se gesticulan o posicionan. Los sentidos del Sonido y de la Vista son Mentales, problemas de pensamiento, los sentidos del Tacto y de la Energía son problemas Emocionales, y los sentidos del Gusto y el Olfato son problemas Físicos.

PRACTICA IDENIFICANDO TUS PROPIOS BLOQUEOS SENSORIALES Y LOS DE LOS DEMÁS CON RESPECTO A LOS ASPECTOS TUYOS Y DE TU VIDA CON LOS QUE HAS LIDIADO. PRACTICA CON ÁREAS DE TU VIDA EN LAS QUE TE GUSTARÍA SER MÁS EXITOSO.

SIEMPRE HAZ QUE LA PERSONA SE PONGA DE PIE PARA LEER SU LENGUAJE CORPORAL

Ejemplos de aspectos de las luchas: Dificultad para expresarse, sentirte incómodo al hablar frente a un grupo, No ser bueno con los números/palabras, Es difícil acercarte a alguien que te atrae, Te ofendes fácilmente, Otros dicen que no los estoy escuchando, Falta de confianza en uno mismo.

Áreas que desean un mayor éxito; Ganar más dinero, Ser mejor en mi trabajo, Ser mejor en los negocios, Más espiritualidad, Mejor en mis relaciones, Enfocarme más en mis metas, Expresar mejor mis ideas, Ser más creativo.

LA UBICACIÓN EN TU ORDEN DE ACTIVACIÓN SENSORIAL Y ESTE EFECTO EN TU EXPERIENCIA CONSCIENTE, TU PERCEPCIÓN DE LA VIDA

Dependiendo del orden de activación y el sentido que está bloqueado, tienes menos o ningún acceso a cada función y proceso en tu patrón de activación. Es posible que solo tengas la mitad de tu capacidad de referencia, decisión o motivación y la mitad de tu Visión del mundo o tu Visión de ti mismo. Todas estas cosas son simplemente la naturaleza subconsciente de la estructuración, la creación de patrones y procesos para modelos de programas para cada aspecto de todo tu ser. Nunca puedes estar completo con bloqueos sensoriales.

EL EFECTO INTERNO ESPECÍFICO QUE ESTOS TIENEN EN TU PROCESAMIENTO

DE INFORMACIÓN, CREANDO PROGRAMAS Y MODELOS

Cada aspecto y Elemento de nuestro ser son Programas y Modelos subconscientes hechos a partir de datos sensoriales y procesados, almacenados y accedidos por el subconsciente. Nuestra Identidad, Personalidad, Creencias, Respuestas emocionales, todo se crea, se almacena y se accede como programación subconsciente. Cuando tenemos bloqueos sensoriales, no solo tenemos acceso a menos de lo que ya sabemos, los Programas y Modelos en sí mismos son de naturaleza negativa. Todo tiene lo contrario y así como tu experiencia pudo haber sido positiva o negativa, tu respuesta consciente tiene la misma elección. Con bloqueos a lo largo de los programas, todos los demás aspectos de nuestro todo son abrumados y disfuncionales. Los bloqueos sensoriales son importantes de identificar y cambiar. Estar bloqueado en un programa hace que sea imposible arreglar cualquier cosa sobre el programa, primero debes poder acceder a él.

LOS BLOQUEOS SENSORIALES SE ENCUENTRAN EN DIFERENTES GRADOS DE SEVERIDAD Y ESTO AFECTA EL ORDEN DE ACTIVACIÓN SENSORIAL. ESTO A SU VEZ AFECTA LA CAPACIDAD Y EXPERIENCIAS CONSCIENTES

Todos los Modelos de Programa creados en el cerebro desde el que operamos se crean durante un período de tiempo mediante compuestos y repeticiones. Es este proceso de repetición en el tiempo lo que causa el grado o la severidad de los bloqueos sensoriales. Cuanto más tiempo y más a menudo se repite una experiencia sensorial y la duración del tiempo en el que ocurre, más fuerte se vuelve el bloqueo. Como cualquier otra cosa en la vida que sigue sucediendo sin resolución, cambios o intentos de corrección, continuará naturalmente en crecimiento negativo. Estos diferentes grados de severidad de los bloqueos tienen un gran efecto individual en la forma en que pensamos, sentimos y hacemos. Nuestra capacidad para responder, para lograr nuestras metas en la vida, para tal vez incluso tener metas en la vida, son todas muy interrelacionadas e interdependientes de nuestro orden de activación sensorial.

Todo el mundo tiene bloqueos sensoriales de cualquier tipo y, hasta cierto punto, sin estos bloqueos, estaríamos más abiertos a Nuevos Pensamientos, Nuevos Sentimientos y Nuevas Acciones. Sin los bloqueos sensoriales, nuestra personalidad, inteligencia, nuestras respuestas emocionales y de comportamiento cambiarían constantemente porque podríamos estar en constante crecimiento y aprender de las experiencias de la vida. Con los bloqueos sensoriales, estamos constantemente retenidos, desanimados, asustados, deprimidos, temerosos, humillados y limitados en formas ilimitadas para alcanzar nuestro máximo potencial, y mucho menos para cambiar.

NIVELES DE BLOQUEOS SENSORIALES Y SUS GRADOS Y EFECTO EN NUESTRA EXPERIENCIA NATURAL DE HOMBRE

BLOQUEO MENOR: EL SISTEMA NERVIOSO CENTRAL PUEDE DISPARAR A TRAVÉS DE ESTA ÁREA, PERO EL SIGUIENTE SENTIDO ACTIVADO EN EL ORDEN DE ACTIVACIÓN SENSORIAL REALMENTE PROCESA LAS FUNCIONES SUPERIORES, COMPRESIONES DE DATOS Y ELEMENTOS DEL SENTIDO BLOQUEADO A TRAVÉS DE SUS PROPIAS FUNCIONES

Este proceso es el menos dañino y limitante de cualquiera de los bloqueos sensoriales y, sin embargo, analizado de cerca en el Mapa Humano Holográfico y los efectos sobre nuestra capacidad humana, hacen de la vida un gran desafío. Los sentidos en su orden de activación natural con un Bloqueo Menor en uno de sus sentidos igualmente siguen a través del orden de activación, pero durante un período de tiempo el sentido activado siguiente al sentido bloqueado se sobrecarga y se vuelve disfuncional también. Si, por ejemplo, el sentido con el bloqueo es la vista, y el sentido después de la vista es el olfato, todas las Funciones, las Compresiones de Datos y los Elementos de la Vista se procesan en realidad por el sentido del Olfato en función de las Funciones, las Compresiones de Datos y los Elementos del Olfato. Entonces, el sentido del Olfato hace sus propias Funciones, Datos, Elementos y luego, basándose en estos procesa las Funciones, Datos y Elementos de la Vista.

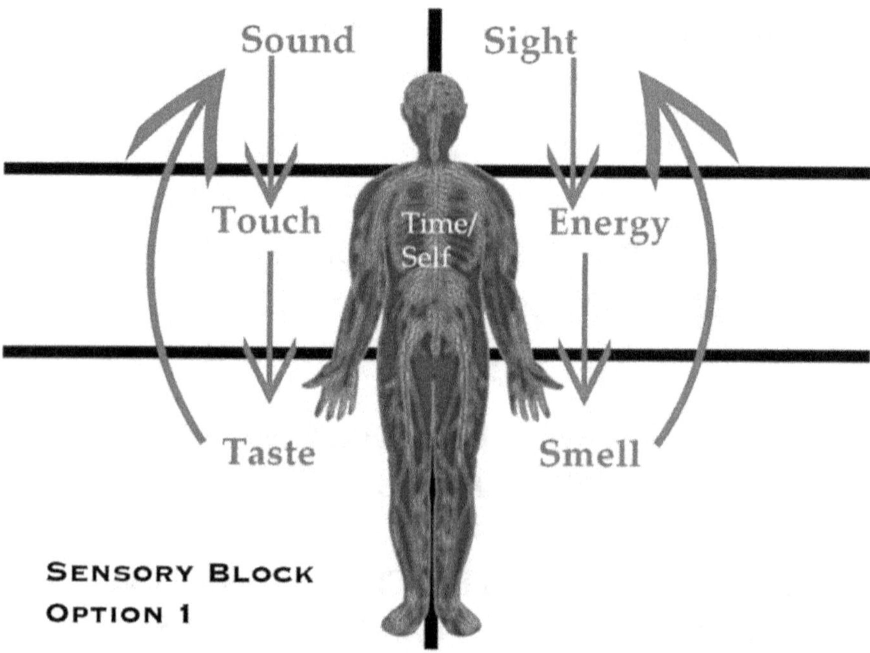

BLOQUEO MAYOR: EL SNC NO PUEDE DISPARAR A TRAVÉS DE ESTE BLOQUEO NEURONAL Y ESTO HACE QUE LA SECUENCIA DE ACTIVACIÓN

RETROCEDA EN EL ORDEN DE ACTIVACIÓN AL PRIMER SENTIDO ACTIVADO DE NUEVO

Dependiendo del orden de activación sensorial específico con el Bloqueo Mayor de los datos sensoriales, todo puede ir bien para la experiencia consciente hasta que se encuentra con el sentido bloqueado y luego el SNC retrocede. Esto significa literalmente que todos los datos y sus Funciones y demás, en menos de 0,22 de segundo, retroceden a través de los datos y obtienen lo opuesto, ya sea negativo o positivo, y terminan donde comenzó el orden de activación. Por lo tanto, si se activa el quinto sentido, su orden de activación es 1ro, 2do, 3ro, 4to, se devuelve en el quinto sentido y retrocede 4to, 3ro, 2do, 1er sentido y cree que está completo. La experiencia consciente de esto es comenzar a pensar en algo y luego cambiar a un opuesto del mismo pensamiento anterior. Este es un proceso de 0,22 segundos y, a menos que la conciencia sepa sobre el proceso nuevamente, pensamos que solo somos nosotros.

Esto también significa que nunca se accede a los datos sensoriales almacenados más allá del Bloqueo Mayor para un uso consciente. Esto a cambio nuevamente significa que todas las Funciones, Elementos, Programas, Modelos de cualquier sentido bloqueado faltan en la totalidad del individuo, (en un microsegundo).

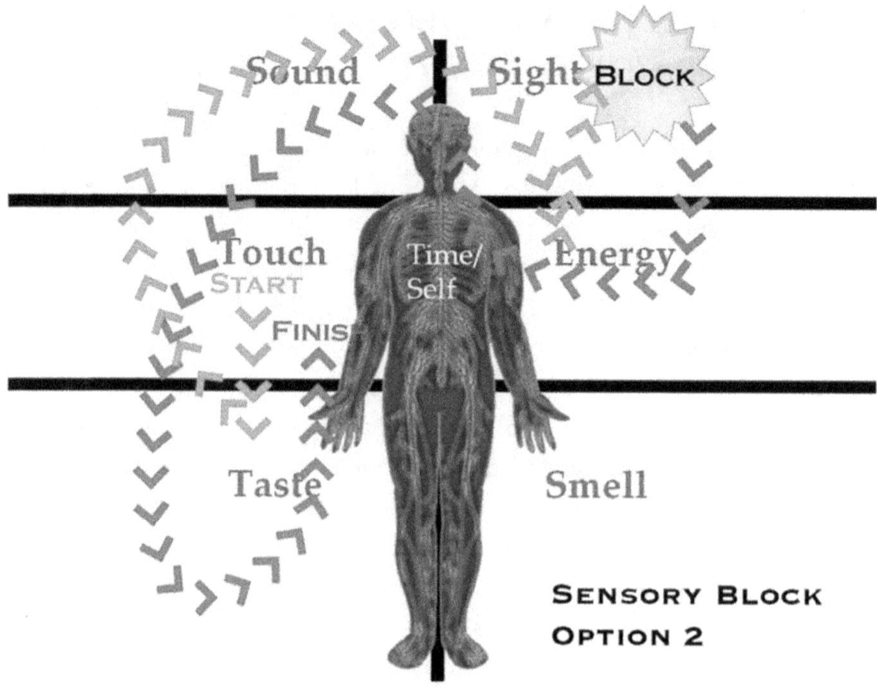

BLOQUEO COMPLEJO: EL SNC EN REALIDAD FALLA Y CRUZA A TRAVÉS DE NUESTRO SISTEMA NEUROLÓGICO AL LADO OPUESTO DE NUESTRO SNC Y POR LO TANTO DEL CUERPO FÍSICO

Como puedes ver en el ejemplo del mapa, un Bloqueo Complejo literalmente hace que el sistema nervioso central dispare hacia el lado opuesto del cuerpo y los datos sensoriales ubicados en el lado opuesto. Este disparo cruzado también afecta a los otros sentidos en el orden de activación a los que ni siquiera se puede acceder con todas las Funciones, Elementos, Programas y Modelos que nos ofrecen para hacernos completos. Los órdenes de activación continúan desde el punto de cruce y solo se accede a los sentidos desde ese sentido en adelante.

La síntesis es cuando dos sentidos opuestos se han compactado (un complejo). Cuando los sentidos han combinado partes o elementos para formar un sentido completo, lo llamamos complejo. La complexión de diferentes sentidos combina las diversas funciones y programas de compresión de datos de diferentes sentidos en un todo coherente. El subconsciente no reconoce lo "correcto o incorrecto", es un programa de computadora maestro y continúa sus funciones sin darse cuenta de cualquier error. El cerebro, el sistema nervioso central, cada parte de nuestro ser interno trabaja en conjunto para ser un todo.

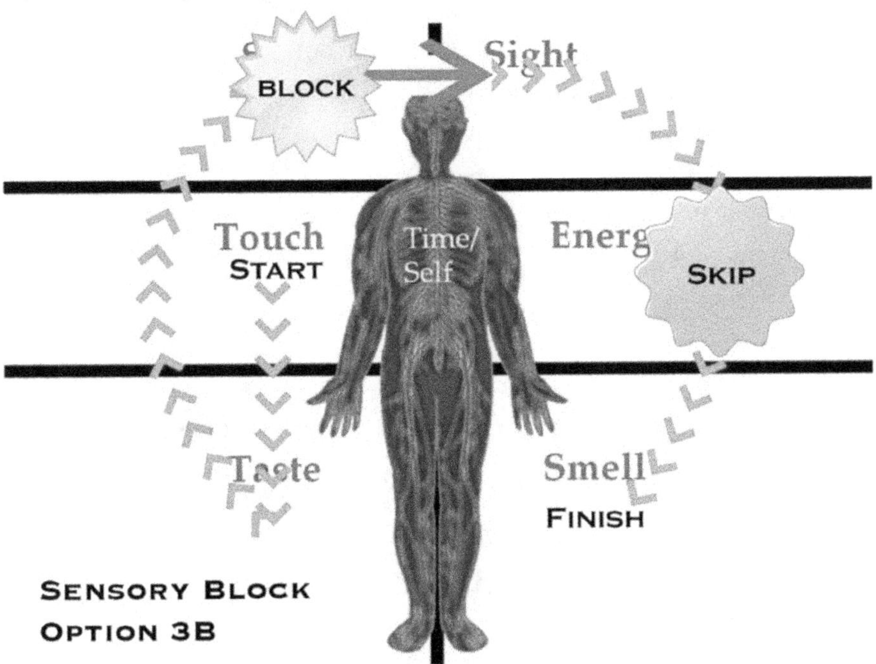

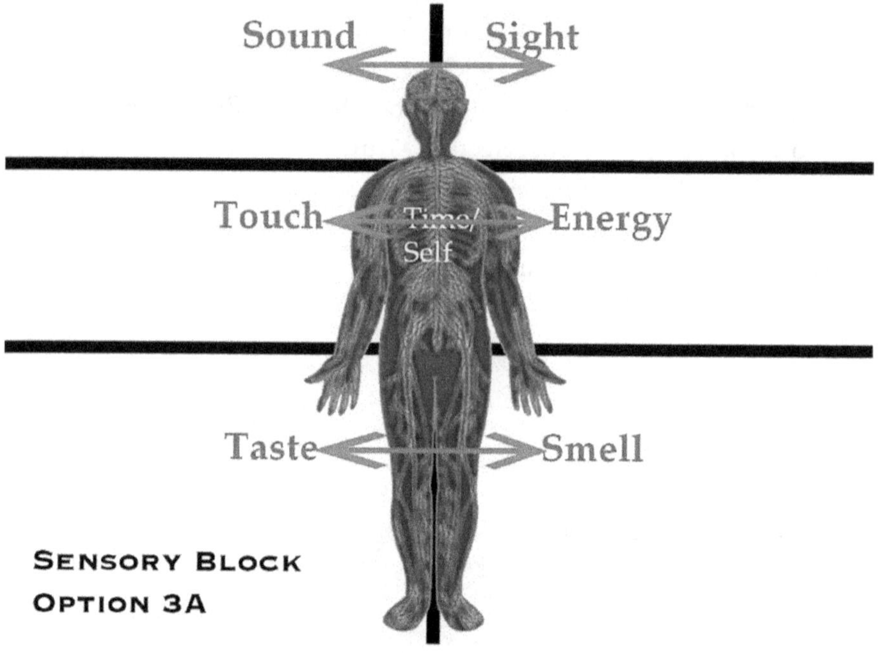

LA SECUENCIA DE ORDEN ACTIVACIÓN CONTINÚA DESDE ESTA UBICACIÓN Y PERDEMOS MUCHOS DATOS ALMACENADOS EN LAS OTRAS ÁREAS

Todos experimentamos bloqueos sensoriales en nuestros modelos y programas subconscientes, estos bloqueos se crean más en función de la respuesta consciente del individuo a los datos sensoriales, no solo a los datos sensoriales en sí. Independientemente de lo positivo o negativo en los datos sensoriales en sí, la percepción, evaluación, juicio y decisión de los datos sensoriales bloquearán los datos del orden de activación sensorial. Cuando accedemos a todos los datos sensoriales de los diferentes modelos y programas, completamos el orden de activación. Completar el orden de activación nos permite tener acceso a respuestas a nuestras propias preguntas, significados de nuestras ideas, estrategias de nuestras acciones e intuiciones. Como seres humanos, funcionamos mejor cuando no tenemos bloqueos sensoriales que impidan que el cerebro acceda a los datos y se los entregue al consciente. La experiencia consciente es muy similar de persona a persona según el grado de bloqueo y el orden de activación en el que está funcionando.

CAPÍTULO 6

SALUD DE LA TRANSFORMACIÓN HUMANA HOLOGRÁFICA

Sistemas y Órganos Humanos Holográficos

Sistemas de Aprendizaje Holográficos

Como un sistema completo, los seres humanos experimentan el aprendizaje, adquieren habilidades y conocimientos a través de cada sistema, aspecto e interacción regular con grupos interdependientes de elementos que forman el todo unificado del sistema. El sistema humano tiene varios sistemas como grupos de cuerpos que interactúan bajo la influencia de fuerzas relacionadas para todo el sistema.

Los grupos de órganos y sistemas corporales que juntos realizan una o más funciones vitales para el cuerpo son incluso considerados como una unidad funcional en sí misma. Muchos sistemas individuales diferentes trabajan juntos para todo el sistema. Cada sistema diferente tiene su propia naturaleza y funciona con otros sistemas diferentes interrelacionados, de manera interdependiente con los demás sistemas. Cada sistema conoce su propia naturaleza y funciones y conoce la naturaleza y funciones de los sistemas con los que trabaja. Holográfico, una parte de cada sistema tiene un patrón del todo.

Los seres humanos son sistemas completos y cada aspecto del sistema humano tiene su propia inteligencia y función y comparte esto con otros sistemas relacionados e interrelacionados. El aprendizaje para el ser humano es Holográfico y compartir el conocimiento aprendido es holográfico a través de otros sistemas del sistema completo. Holográfico es interactivo con su propio sistema y con su entorno.

Sistema de Salud Holográfico...

SALUD HUMANA HOLOGRÁFICA

LADO DERECHO - AUDITIVO Sonido

RESPIRATORIO

ORGULLO; Calidad o estado de orgullo, Autoestima desmesurada. Deleite o júbilo que surge de algún acto, posesión o relación. Comportamiento o trato orgulloso o desdeñoso. Desdén.

Sinónimos: arrogante, altivo, señorial, autoritario, que muestra desprecio por los inferiores.

Antónimos: Modestia, humilde, ausencia de vanidad, decoro en la vestimenta, habla, conducta, sin pretensiones, humildad, modestia.

ORGULLOSO; Autoestima excesiva.

Sinónimos: Exultante, glorioso, señorial, autoritario, reclama más para sí mismo; consideración o importancia que se justifica. Sugiere una conciencia de nacimiento o posición superior.

Arrogancia condescendiente.

Antónimos: Informal, Ausencia de ceremonia/formalidad, Características de uso familiar y casual.

JUSTICIA; Actuar de acuerdo con la ley moral, libre de culpa o pecado. Moralmente correcto o justificable. Derivado de un sentido encolerizado de justicia o moralidad.

Sinónimo: Excelencia moral, Integridad, virtud Antónimo: Infamia

PULMÓN, ASMA, BRONQUITIS

LADO DERECHO - TÁCTIL Tacto

CIRCULATORIO

DEPENDENCIA; Algo que depende de otra cosa. Adicción, habituación, dependencia

Antónimo: Tú.

AUTORIDAD PROPIA; Forma combinante, uno mismo o sí mismo.

Autoridad; una cita usada en defensa o apoyo. La fuente de la que se extrae la cita. Poder, El grupo en el poder.

Antónimo: Gobernado

ACOSO; Convertir en víctima de engaño o fraude, engañar.

CORAZÓN/PIEL. ANGINA, DUELO, MIGRAÑA, HIPERTENSIÓN

LADO DERECHO - GUSTATIVO Gusto

DIGESTIVO

Inseguridad, Codicia, Impotencia, Timidez, Gula, Miedo a la Muerte, Depresión

DIGESTIVO, SHOCK, RESFRIADO/GRIPE, SANGRE, ANEMIA, CIRCULACIÓN

LADO IZQUIERDO - VISUAL Vista

NERVIOSO

Equivocación, Creído NERVIOSIDAD, OJOS

LADO IZQUIERDO - ENERGÉTICO Energía

MUSCULAR/ESQUELÉTICO

Ira, Rabia, Envidia

COLUMNA VERTEBRAL, ARTRITIS, CULPA, ANOREXIA

LADO IZQUIERDO – OLFACTIVO Olfato

REPRODUCTIVO

Lujuria, Desesperación, Vergüenza

REPRODUCTIVA, URINARIA, MENSTRUACIÓN, ELIMINACIÓN, PRÓSTATA.

HOLOGRAPHIC HUMAN HEALTH MODEL

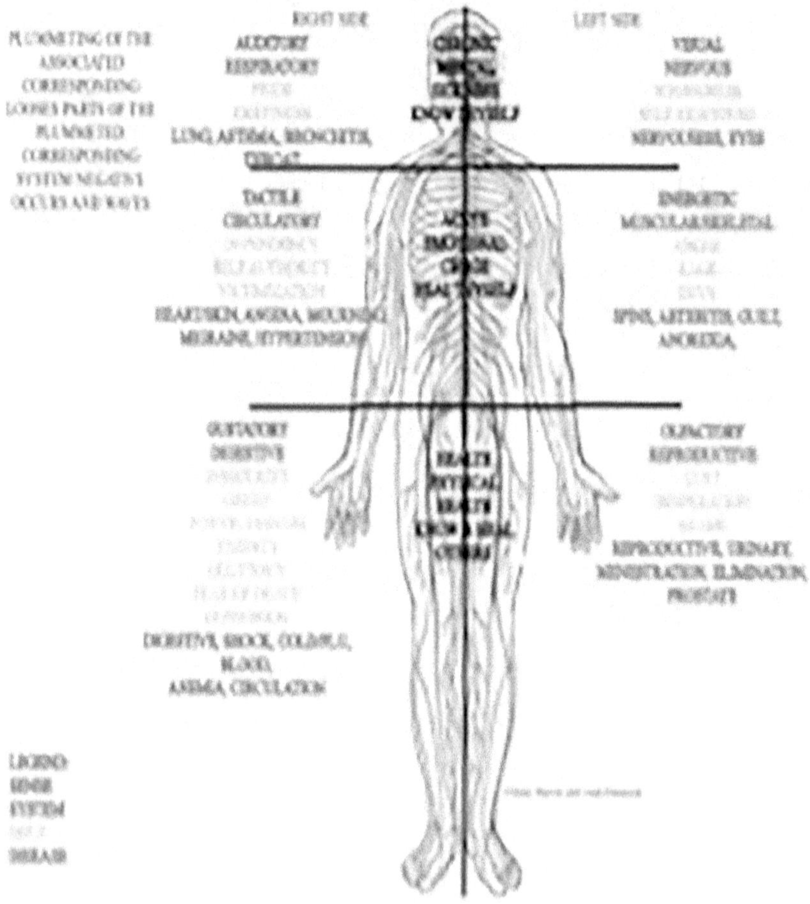

El desplome de los correspondientes asociados pierde partes del desplomado. Sistema correspondiente; Ocurre lo negativo, y ondas.

LEYES DE LA FÍSICA: LA TEORÍA DE LA TRANSFORMACIÓN HUMANA HOLOGRÁFICA SE BASA EN LA INTEGRIDAD

Principio de Integridad; La fuerza unificadora que nos mantiene unidos, la unificación interna, proviene del macro-sistema para vivir y crecer. **"Lo que resistimos persiste"**. Esta fuerza promueve la Integración de todas nuestras partes, por lo que "Lo que resistimos persiste". El principio de integridad es la forma que tiene la naturaleza de mantener el sistema íntegro y restaurarlo a la plenitud cuando lo necesita. Esta es una habilidad natural para lograr la totalidad del desarrollo natural de una persona desde el nacimiento hasta la muerte. Toda persona viva tiene fortalezas y habilidades que tienen una función y un tiempo para su desarrollo, estas tienen su propia inteligencia y conocen su función y el tiempo que es necesario para su desarrollo. El principio de integridad traerá las cosas de forma natural a nuestras vidas para llevar estas funciones y desarrollos a su potencial en nuestra vida.

A menudo, esto se debe a las luchas y desafíos que enfrentamos, lo que nos coloca en una situación de crecimiento o fracaso. Siempre tenemos opciones en cuanto a nuestra respuesta a los desafíos, sin embargo, no podemos elegir si tenemos o no un potencial de crecimiento real y natural. Esta elección de crecer vino con nuestra elección de vivir. Nuestras habilidades ya estaban dentro de nosotros y son una parte verdadera y natural de todo nuestro ser. El desafío no simplemente desaparece o se va "hasta que" reconocemos y entrenamos estos potenciales, su fuerza unificadora para ser parte del sistema y continuará mostrando su fuerza.

Integración; Hacer un todo. Esto funciona debido a los Principios de Unidad y Correspondencia y al Principio de Realidad e Integridad. Se trata de encontrar una función para las cosas en nuestras vidas y aspectos de nosotros mismos cuyo diferencial se conoce en todo el sistema. La integración puede implicar la coordinación de los procesos mentales, emocionales y conductuales en una personalidad efectiva normal o con el entorno y las circunstancias del individuo.

Integridad; La condición de ser íntegro o completo. Integrar es el proceso de hacer un todo. La integración existe porque la estructura y los procesos de los sistemas naturales están unificados de manera que hacen que las partes trabajen juntas en paralelo basadas en la similitud y la correspondencia, El Yo Natural.

Incluso cuando los aspectos son muy diferentes del todo, estos aspectos siguen siendo parte del todo y deben integrarse en todo el sistema. Nuevamente, no puedes ocultar o ignorar estos aspectos. La unidad juega un papel en diferentes aspectos y es posible que algunas partes del sistema deban ajustarse para integrar los aspectos desviados. Todo un sistema vivo debe estar abierto al crecimiento y al cambio continuo para seguir siendo un sistema vivo saludable. Crecimiento constante, cambio continuo, nuevos aspectos de uno mismo reconocidos y desarrollados para el mayor bien de todo el sistema.

Integraciones; los conceptos, principios y modelos trabajan juntos. Todas las funciones, modelos de programa y elementos del ser humano deben integrarse con todo el crecimiento en nuestras vidas, todo el cambio, desafíos y sueños. Nuestros pensamientos deben integrarse con nuestros sentimientos y nuestros comportamientos deben integrarse con nuestros pensamientos y sentimientos. Este es un proceso de la naturaleza y cada aspecto de nuestro ser cambiará y luchará si otros aspectos de nuestro ser no se integran con todo el ser. Cambiar y crecer es un proceso natural de la vida y estos principios funcionan para asegurar que esto suceda. Cuando respondemos de manera Holográfica, nuestros conceptos, modelos de programa, funciones y elementos, todos cambian como un sistema completo y nosotros crecemos, nos desarrollamos y cambiamos. Cuando intentamos resistir este proceso de cambio natural, todo el sistema se deteriora y todo el ser se vuelve disfuncional. Este es un proceso natural. Es parte de la naturaleza y es capaz de llevar todo el sistema a un estado de caos y destrucción total para comenzar de nuevo.

El cambio no es fácil. Un ejemplo simple de integración de pensamientos, sentimientos y comportamientos es hacer el siguiente experimento: Siéntate cómodamente y cruza los brazos, dóblalos de la manera en que siempre cruzas los brazos. Déjalos doblados y observa la forma en que los has doblado. Observa si el brazo derecho sube y entra en el brazo izquierdo, observa si ambas manos están adentro o una adentro y la otra afuera. Observa exactamente la forma en que has cruzado los brazos. Ahora, nota la forma en que estás pensando con los brazos cruzados de esta manera. Nota cómo te sientes con los brazos cruzados de esta manera. ¿Piensas y te sientes bien, confiado, seguro? Ahora, observando la forma en que tienes los brazos cruzados, cruza los brazos de manera completamente opuesta a la forma en que están cruzados. Observa ahora lo que estás pensando y cómo te sientes. Cambiar un aspecto de nuestro ser, cambia otro aspecto de nuestro ser. Esto es repetitivo y es un ejemplo simple del proceso de integración y la Teoría de la Transformación Humana Holográfica. Si un aspecto del sistema cambia, otros aspectos deben integrarse y cambiar también. De lo contrario, tus brazos se cruzan de manera diferente y tus pensamientos y sentimientos están incómodos hasta que los vuelves a poner de la forma que tus pensamientos y sentimientos ya conocen.

Principio de Integridad; La Fuerza Unificadora que nos mantiene unidos, la unificación interna, proviene del macro-sistema para vivir y crecer. Lo que resistimos persiste. Esta fuerza promueve la Integración de todas las partes.

Todos tenemos una gran capacidad y potencial independientemente de los desafíos y luchas de nuestra vida. Cada parte de nuestro ser interior busca convertirse en parte de nuestro ser completo. Esto también es cierto en otros sistemas completos como las familias, cada hijo, padre y aspecto de ellos como individuos buscan y desean convertirse en parte de la totalidad de la familia. Cuando la familia se resiste a esto, no se va simplemente en silencio, continúa buscando otras formas de hacer que la familia se integre en el sistema con todos los demás aspectos de la familia.

Tu potencial personal seguirá afectando tu integridad (tus pensamientos, sentimientos y comportamientos, tu pasado, presente y futuro) hasta que todos los aspectos de tu todo acepten el potencial y lo integren en tu totalidad.

No se puede evitar lo inevitable; no puedes correr, esconderte, ignorarte a ti mismo y mantener tu propia integridad.

Integrar existe porque la estructura, los patrones y los procesos de los Sistemas Naturales están unificados de manera que las partes trabajan juntas, en paralelo a través de las Leyes de Similitudes y las Integraciones de Correspondencia de Conceptos, Principios y Modelos que trabajan juntos. Los elementos están Interrelacionados y son Interdependientes sin Desviarse o cambiar como en el Propósito de Acción desde el Principio.

La clave de Unidad y Desviación para la integridad y la integración es mantener el propósito original de tu acción desde el principio. Cualquiera que sea el propósito con el que comiences una meta, es la clave para integrar la meta en la totalidad de tu ser.

La Unidad en la Física se refiere a los aspectos unificadores de los Sistemas de Naturalmente Integrados con una cualidad o estado de ser Múltiples. Una multitud de diferentes elementos y sistemas que se unen y forman un solo sistema. Esta es la forma en que funciona el sistema humano, ya sean los órganos del cuerpo, sistemas separados dentro de diferentes órganos y todo debe unirse y funcionar como uno solo para que todo el sistema funcione bien.

Principio de Realidad: no conocemos la diferencia entre lo real o lo imaginario. Principio de realidad para la persona con seis sentidos; Los recursos están implícitos y no se habla de ellos en el Principio de Realidad. El cuerpo le enseña a la mente sobre los recursos. A veces, deben abordarse otras cosas primero en el Principio de Realidad. Entonces, ¿qué es lo que preferirían, ya que su realidad no cambia solo por algo que hacen? Si el Principio de Realidad no funciona, primero se debe hacer algo más antes de que la realidad pueda ocurrir. El Principio de Realidad comienza con nuestro desconocimiento de la diferencia entre presente, pasado, futuro o una experiencia vívida imaginada. La ley de correspondencia y unidad hace que la realidad funcione. El Principio de Realidad trata sobre nuestro estado de existencia real en el mundo real y la forma en que lo percibimos y experimentamos. Tomarte el tiempo y esforzarte por percibir y experimentar tu existencia puede cambiar tu realidad.

Teoría de la Transformación Humana Holográfica, la forma en que desarrollamos modelos de programas, paradigmas, visiones del mundo y de uno mismo. Los modelos de programa, paradigmas, visiones del mundo y de uno mismo se desarrollan como un sistema íntegro que trabaja en conjunto como un sistema completo. Compilaciones de datos sensoriales, recuerdos y respuestas conscientes que se repiten e interactúan en el subconsciente con otros datos y modelos de programas. Nunca es una sola experiencia, nunca una sola creencia, nunca una sola cosa para crear la totalidad de un sistema dado. Y, a su vez, cada aspecto del sistema es una representación de la verdad de todo el sistema. A su vez, cambiar cualquier aspecto de cualquier sistema dentro de todo el sistema tendrá un efecto Holográfico en el resto de todo el sistema. Este es un proceso natural y la naturaleza de la forma en que los sistemas se Estructuran, Modelan y Procesan dentro de cualquier sistema dado.

Hecho: los Humanos son naturales.
Las características del ser humano se basan en un sentido inherente de lo correcto y lo incorrecto y están de acuerdo con y por naturaleza. Los seres humanos tienen una clasificación constitutiva basada en características existentes en la naturaleza.

Hecho: los Humanos son sistemas.
Las características del ser humano se basan en la integridad del ser humano, la relación interdependiente de un grupo de elementos que forman un todo unificado. Las características humanas se basan en un número de diferentes sistemas en un grupo que interactúan bajo la influencia de fuerzas relacionadas.

Hecho: El sistema Humano está compuesto de partes y elementos.
Este Sistema se forma juntando subdivisiones indefinidas o desiguales en las que algo está o se considera dividido y que juntas constituyen el todo, siendo todas una parte esencial o elemento integral de todo el sistema. Esta composición del sistema humano incluye elementos físicos como el aire, el

agua, el fuego y la tierra y constituyen partes de los principios de estado o esfera natural, y son adecuados para el estado de ser de una persona.

Un Sistema es una entidad o agregación de elementos o partes que forman un todo completo o totalidad.

El error sistémico es un error que no está determinado por el azar sino que se introduce por una inexactitud o una observación o medición inherente al sistema mismo. El sistema debe cambiar constantemente y ser consciente de estos errores. Resistir solo hará que el error persista.

Los 3 Elementos del Ser Humano: 1) Mente, 2) Emoción, 3) Cuerpo.

La "Unidad" Total del Ser Humano consta de los siguientes Tres Elementos

1)   Elemento Mente

La función de la mente humana es tomar todos los Datos del entorno y la respuesta interna a los Datos, procesarlos y encontrar o crear un archivo para almacenarlos y hacer un programa/modelo a partir de los Datos.

La mente humana es un complejo de diferentes Elementos en un individuo para pensar, percibir y razonar.

2)   Elemento Emoción

Las emociones trabajan en estrecha colaboración con el cerebro humano para los sentimientos como la ira, la alegría y el miedo. Los sentimientos a menudo son subjetivos y están asociados con algo en específico, como un evento o un individuo. Las emociones son respuestas químicas asociadas con el Sistema Límbico en el cerebro humano.

3)   Elemento Cuerpo

El cuerpo humano es la masa de sustancias y sistemas que distingue a los humanos de otros sistemas vivos. Algunos de los diferentes sistemas que componen el cuerpo son el sistema esquelético, el sistema muscular y las estructuras superficiales de nuestro ser físico.

Estos elementos iniciales primarios forman el estado de nuestro ser natural. Estos 3 Elementos del Ser Humano deben corresponder entre sí, interrelacionándose de manera interdependiente en base a las leyes de Similitud, Unidad y Correspondencia. Cuando no lo hacen, no somos seres completos. Somos disfuncionales en los 3 Elementos.

LEY O PRINCIPIO UNIVERSAL; SIMILITUD Y CORRESPONDENCIA

Basado en la Física de la Correspondencia, las cosas que son similares se manejan agregando algo a la situación o circunstancias. Los problemas surgen en muchos aspectos de nuestras vidas y algunos problemas son similares y algunos problemas se desvían. Similar simplemente significa que los problemas han ocurrido antes o simplemente pueden ser algo que puede salir mal con respecto a una parte de la vida. Agrega lo que corresponda al origen u original de la diferencia, no agregues al azar. Hay muchos ejemplos y formas de aplicar esta ley. Uno es con respecto a un bloqueo sensorial, si el sentido del sonido tiene un bloqueo, agrega más experiencia de sonido a tu entorno. Cuando ocurren problemas, bloqueos o circunstancias negativas dentro del entorno, expándete en la misma área de la que trata el problema, bloqueo o circunstancia. Otro ejemplo, si la falta de confianza se refleja en el medio ambiente, agrega algo de más confianza al medio ambiente. Esta Ley de Similitud y Correspondencia es una ley de la Física y esta es la ley del principio de tratar problemas similares en un entorno. Tomar lo similar y agregarlo al entorno mantiene la naturaleza de todas las partes y los procesos resonando como un sistema completo. (Lo que resistimos persiste), combatir los problemas, las diferencias o las anomalías provoca una mayor disfunción y desequilibrio.

Correspondencia: La Naturaleza tiene partes o procesos en cualquier nivel, de la misma forma, que resuenan como uno. Este es el acuerdo de la naturaleza entre las cosas entre sí con respecto a las similitudes y una relación entre conjuntos en los que cada miembro de un conjunto está asociado con uno o más miembros de otro conjunto. La función y el propósito de los Elementos asociados es la naturaleza de la correspondencia.

Principio de Correspondencia; Las Partes Similares cambian juntas. Ejemplo: 2 electrones cuando 1 cambia su espín, el otro 1 también lo cambia.

3 FUNCIONES BÁSICAS DE LOS SISTEMAS HUMANOS:

1. **Base de Identidad o Personalidad;** La identidad es una semejanza de propósito incluso cuando se agrega o se multiplica por otro elemento. La combinación deja a cada elemento sin cambios incluso cuando se combinan para cualquier propósito en específico del conjunto. Esta es nuestra existencia personal y representa la calidad o estado de ser un ser humano. La identidad es un complejo de características que distingue a un individuo haciendo la totalidad de las características mentales, conductuales y emocionales de un individuo.

2. **Funciones de Procesamiento de Información y Comunicación;** Los seres humanos transmiten información a través de todos los aspectos de su sistema completo. Este es un proceso de intercambio de información entre individuos a través de sistemas comunes de símbolos, signos, comportamientos y movimientos.

3. **Creación;** Los seres humanos, por su propia naturaleza, pueden llevar el mundo a una existencia ordenada haciendo, inventando y produciendo representaciones de sus propios roles. Estos incluyen las cosas tanto de la existencia física como la intelectual.

CAPÍTULO 7

CORRESPONDENCIA Y ÓRDENES DE ACTIVACIÓN

ELEMENTOS DE CADA SISTEMA DEL SER NATURAL: Mente, Emoción, Cuerpo.

FUNCIONES DE CADA ELEMENTO DEL SER NATURAL: Identidad, Comunicación, Creación.

El Elemento y las Funciones funcionan dentro de los mismos sistemas. Por lo tanto, el Elemento de la Mente trabaja con el Elemento de Identidad y estos Funcionan como un solo sistema. Lo que vemos y oímos (sonido y vista), lo que pensamos y todos los demás Elementos y Funciones pertenecientes a la Mente se corresponden con nuestra Identidad.

El Elemento de la Emoción trabaja con el Elemento de la comunicación y estos funcionan como un sistema. Lo que relacionamos, nuestras acciones, intuiciones y todos los demás Elementos y Funciones pertenecientes a la Emoción se corresponden con toda nuestra Comunicación. El sentido del Tacto y la Energía.

El Elemento del Cuerpo trabaja con el Elemento de la Creación y estos funcionan como un sistema. Lo que probamos, olemos y creemos sobre el carácter y las estrategias y todos los demás Elementos y Funciones pertenecientes al Cuerpo se corresponden con todo lo que creamos. El sentido del Gusto y el Olfato.

FUNCIONES ABSTRACTAS DE NIVEL SUPERIOR PENSANDO EN CADA UNO DE LOS SENTIDOS

Los sentidos humanos tienen sus propias Funciones, Propósito, Elementos, Estructura, Patrones y Procesos. La naturaleza de los sentidos humanos es la estructura, patrones y procesos de nuestros valores, ética, ideas, razones, conceptos, relaciones, acciones, intuiciones, carácter, procesos, estrategias y función como seres humanos. Los sentidos de la forma en que funcionan crean los modelos de programa de todo nuestro ser.

Estos conocen su función, conocen su desarrollo, su potencial, la naturaleza y el propósito dentro de todo el ser humano. Cada sentido humano tiene su propio propósito y tiene su propia inteligencia, funciona dentro de todo el sistema incluso si el sistema se resiste a su funcionamiento. Cada sentido humano puede hacer a todos los demás sentidos, se corresponden entre sí y pueden reemplazarse entre sí. Cada aspecto de todo nuestro ser, como un todo, es perfectamente capaz de mantenerse como un sistema completo si lo permitimos.

El sistema humano no es el problema, el problema radica en nuestra experiencia humana, creencias, limitaciones y simpatías. No puedes hacer lo que no crees que puedes hacer, no puedes ser lo que no crees que puedes ser. Eres ilimitado en tu ser creado; todas tus habilidades ya existen dentro de ti.

CONOCERTE A TI MISMO

Discernir, percibir directamente y tener una verdadera comprensión del propio ser.

SANARTE A TI MISMO

Hacer íntegro el propio ser y restaurar la salud y la pureza e integridad originales del propio ser.

CONOCER Y SANAR A LOS DEMÁS

Discernir, percibir directamente y tener una verdadera comprensión del verdadero ser de otro y hacer completo el ser de otro y devolverle la salud y la pureza e integridad originales.

Unidad; Aspectos Unificadores de los Sistemas Naturalmente Integrados. La Totalidad de partes relacionadas que es un todo complejo. La Unidad es un principio de la ley de correspondencia y se aplica cuando las circunstancias o experiencias se desvían del propósito de todo el sistema. Esto solo ocurre cuando el sistema requiere un cambio. El propósito y la totalidad de todo el sistema han existido desde que el sistema comenzó y, por su naturaleza, continúan creciendo. Cuando los aspectos o elementos del sistema parecen diferentes de lo que ha sido el sistema, el elemento desviado debe unirse con el propósito del sistema sin cambiar el elemento desviado. Se trata del crecimiento de todo el sistema.

Principio de Unidad; Cualidad o Estado de hacerse uno, continuidad sin desvío o cambio como en el Propósito de Acciones original. La física de la correspondencia mantiene el progreso del sistema sin cambiar el propósito del sistema original mientras permite que cada sistema por separado y sus funciones, estructuras, patrones y procesos se unan dentro del sistema.

Los Sistemas y Elementos Integradores están interrelacionados y son interdependientes. Cambiar 1 elemento de un sistema integrador afecta al resto del sistema. El sistema, por su naturaleza, cambiará según el cambio de 1 elemento dentro del sistema. Lo que resistimos, persiste. No se puede resistir el cambio, el cambio persistirá.

Cambiar 1 parte de un sistema cambia todas las demás partes. El cambio de un estado mental, emoción, comportamiento, requerirá un cambio de sistema completo mientras se mantiene el propósito y la función originales del sistema completo. Este es el proceso de un sistema natural y el ser humano es un sistema natural, pensado con un propósito desde su origen individual.

El sistema humano es un Sistema Completo y puede unificar partes que son muy diferentes.
Ya sea que las diferentes partes separadas del sistema humano estén dentro del individuo o se conviertan en parte del entorno del individuo, las partes pueden unificarse basándose en la física de la correspondencia.

Correspondencia; Unión de piezas similares. Cuando un sistema completo tiene partes o elementos similares que deben unificarse en todo el sistema, estos se agregan más fácilmente al sistema. Las similitudes de los elementos se corresponderán más fácilmente con otros elementos. La clave para mantener el sistema completo es mantener el propósito original del sistema. Cada elemento mantiene su función e identidad individuales mientras se corresponde con todos los demás elementos. Esto provocará un proceso natural de crecimiento de todo el sistema. Todos los elementos y aspectos de cualquier sistema dado deben poder y estar dispuestos a corresponder con todos los demás elementos del mismo sistema para que el sistema sea saludable.

La correspondencia entre células, átomos, órganos, sistemas corporales y sentidos es fundamental para ser un ser humano sano y exitoso.

Unidad; La unión de partes que son elementos diferentes dentro del sistema humano requiere lidiar con los elementos desviados. Tomemos, por ejemplo, un pensamiento que se desvía del sentimiento, por lo que un individuo se siente feliz y gozoso mientras que los patrones de pensamiento están pensando en la desdicha y la pérdida. Tomemos, por ejemplo, los comportamientos que traen pensamientos negativos de autodegradación a un individuo, mientras que los sentimientos del individuo están agradecidos y felices de tener esos comportamientos. Puedes pensar en muchas formas diferentes de aplicar este principio de correspondencia para poder comprender el poder de tener los pensamientos, sentimientos y comportamientos correspondientes al propósito original. Cuando los elementos desviados persisten dentro de un sistema, el sistema debe enfocarse nuevamente en el propósito original del sistema y multiplicar el propósito original (o función) en el elemento desviado. Multiplicar la función o el propósito en el elemento desviado dentro del sistema ayudará a cambiar tanto el elemento desviado como los otros elementos dentro del sistema mientras se mantiene el propósito y la función del sistema.

Campo de Conciencia/Personalidad, la suma total de todos los movimientos que representan nuestro procesamiento interno. El movimiento tiene significado y el Mapa de la Teoría de la Transformación Humana Holográfica identifica las posiciones del movimiento sensorial y explica los significados, funciones y elementos sensoriales. El movimiento comunica la relación entre las funciones y la correspondencia entre el cerebro y el resto del cuerpo humano. El Mapa de la Transformación Humana Holográfica es un gráfico ilustrado, un holograma del significado del movimiento corporal.

Campo; un ámbito de actividad, una región del espacio caracterizada por una propiedad física. (Como la fuerza gravitacional, donde cada punto de la región tiene un afecto o valor determinable). El Mapa Humano Holográfico identifica el espacio de movimiento o actividad física basado en los sentidos y sus Funciones y Elementos asociados con los sentidos humanos. Cada región del espacio dentro y alrededor del campo consciente tiene un valor sensorial determinable.

La Conciencia Humana es un Campo.

Como seres humanos, somos un sistema vivo completo y nuestra capacidad de conciencia está dentro de todo este campo que rodea a nuestro ser físico. Esta es una capacidad y Función real para percibir, evaluar, juzgar y decidir, pensar y observar a través de todo este campo de conciencia. El campo de la conciencia es el espacio en el que se extraen o proyectan los datos que ingresan al sistema y se comunican desde todo el sistema. Como seres humanos, somos conscientes del campo y de la información que se comunica a través de este campo de conciencia.

Esta parte del consciente se conoce como la Mente Humana y el órgano del cuerpo de la inteligencia humana se conoce como el Cerebro Humano. La mente humana es un complejo de elementos en un individuo que siente, percibe, piensa y quiere. La mente es consciente de eventos y capacidades y es una actividad mental adaptativa consciente e inconsciente organizada del cerebro humano.

El Campo Mental piensa, razona, reflexiona, es lógico, objetivo, forma jerarquías y es el centro consciente de la Identidad/Personalidad. No solo hay pensamiento consciente en el cerebro, hay pensamiento consciente y conciencia de todo lo que nos rodea en nuestro campo de conciencia.

Los Sistemas Vivos son Sistemas Abiertos; Los Sistemas Abiertos reciben retroalimentación, datos y energía del entorno. Esta retroalimentación desde y hacia el entorno se comunica a través del campo consciente.

Modalidades; Canales para recibir el ingreso del entorno. Cada órgano, sistema y aspecto de nuestro ser es una modalidad para recibir información del entorno.

7 SENTIDOS (Sonido, Vista, Tacto, Energía, Gusto, Olfato y Yo/Tiempo) MODALIDADES DE RECEPCIÓN Y PROCESAMIENTO:

1. Recibe datos, procesa internamente Funciones de intercambio y procesa la información. La palabra Datos proviene de la palabra Datum y significa "Algo dado". Todos los Datos recibidos a través de nuestros sentidos humanos nos son "entregados" para nuestro crecimiento y conocimiento.

Secuencia de Procesamiento de Datos:

1. **Recepción;** Los sentidos y otros sistemas corporales son capaces y se inclinan a recibir Datos del entorno. También son abiertos y receptivos a las impresiones y a los Datos del entorno.

2. **Procesamiento (internamente);** Integrar Datos sensoriales y de otro tipo recibidos para que una acción o respuesta se genere a través de un conjunto de procedimientos rutinarios.

3. **Almacenamiento (como Modelos y Recuerdos);** Esto podría denominarse memoria, modelos de programa en los que los Datos se almacenan basándose en Datos similares y desviados.

4. **Transmisión (Modelos y Recuerdos transmitidos a través del lenguaje, conductas, enfermedades);** Este es el acto y el proceso de transmitir información a través del espacio entre la transmisión y la recepción de los Datos del entorno a través del sistema de regreso al entorno. Este es el mensaje a través del campo consciente del sistema, dentro de todo el sistema y de regreso a través del campo consciente del sistema.

Las corrientes del Sistema Energético de Energía invisible fluyen a través del cuerpo para revitalizar y regenerar las células y los sistemas corporales. Estos se pueden bloquear por cosas como la ansiedad, depresión, ira, miedos y antojos. El bloqueo de este flujo de energía afecta a todo el sistema.

Personalidad; un patrón de comportamientos de carácter colectivo; rasgos temporales, emocionales y mentales. Esta es la base de que nuestra personalidad sea simplemente una serie de patrones repetidos. La identidad y la personalidad están interrelacionadas y son interdependientes. Cambiar uno cambia el otro creando una colección completamente nueva de retroalimentación diferente del entorno y diferentes respuestas internas. Es generalmente una búsqueda de por vida.

Modalidad de Referencia; Orden de activación de la personalidad. La Teoría de la Transformación Humana Holográfica identifica los diferentes órdenes de activación sensorial y existe una secuencia universal de modalidades que tienen los sentidos dentro de los diferentes órdenes de activación sensorial. Basándose únicamente en las modalidades sensoriales, se crean diferentes personalidades por las diferentes secuencias de activaciones sensoriales. Este efecto también es un papel importante en nuestra personalidad e identidad basada en diferentes bloqueos sensoriales dentro de las secuencias del orden de activación sensorial.

SECUENCIAS UNIVERSALES DE ORDEN DE ACTIVACIÓN DESDE EL 1er SENTIDO ACTIVADO - HAY UN PATRÓN ESPECÍFICO DE SENTIDOS ACTIVADOS

Sentidos Referentes; 1ro y 4to

Los sentidos activados en primer y cuarto lugar en la secuencia de activación son los sentidos de Referencia. La Referencia indica la modalidad de mayor influencia en cualquier tema o materia. Estos se convierten en la fuente de información a la que se hace referencia con mayor frecuencia y constituyen un estándar para medir o construir el modelo del programa en su totalidad. Las funciones y elementos del primer y cuarto sentido activados se convierten en la expresión de lo referido en las circunstancias.

Sentidos de Decisión; 2do y 5to

Los sentidos activados en segundo y quinto lugar en la secuencia de activación son los sentidos de Decisión. Las decisiones indican la modalidad del proceso de cualquier determinación a la que se llegue incluso después de su consideración. Estos sentidos, con sus funciones y elementos, determinan el curso de acción al que llegamos. Estos determinan nuestra determinación, firmeza, resolución y presencia de mente.

Sentidos Motivadores; 3ro y 6to

Los sentidos activados en tercer y sexto lugar en la secuencia de activación son los sentidos Motivadores. Los motivadores nos inducen a actuar o no actuar sobre algo. Estos sentidos con sus funciones y elementos son el incentivo, la incitación para que podamos actuar.

Según los órdenes de activación sensorial individual, estos patrones de 1ro y 4to sentido como sentidos de Referencia, 2do y 5to sentido como sentidos de Decisión, y 3ro y 6to sentido como sentidos Motivadores. Estos órdenes individuales de activación sensorial juegan un papel importante en nuestra personalidad e identidad. Somos una compilación de nuestros modelos de programa a partir de nuestra retroalimentación ambiental con nuestras respuestas internas y las secuencias de orden de activación que se limitan al modelo de orden de activación.

Procesamiento de ciclos de patrones de activación generales. (Recuerda la Totalidad de la Naturaleza, consta de tres Elementos: 1ro; Estructura, 2do; Patrones y 3ro; Procesos). Todo en la vida tiene su propia "Naturaleza" y para tener una "naturaleza" y función, todas las cosas deben tener estos tres Elementos de una "naturaleza". Los Procesos son el elemento final en la "naturaleza" de las secuencias de activación sensorial.

Los primeros 3 sentidos que activados son la referencia Externa y la forma en que procesamos también los Entornos y nuestro exterior. Esto se conoce como Visión del mundo. Nuestra Visión del mundo se determina en función de nuestra secuencia de activación sensorial. Los mismos sentidos con sus Funciones, Programas de Compresión de Datos y Elementos son el compuesto que forma nuestra Visión del Mundo personal. La Visión del mundo es la forma en que vemos personalmente el mundo, las circunstancias, los eventos y el entorno en el que vivimos.

Los últimos 3 sentidos activados son la referencia Interna y son procesados. Estos son los sentidos que usamos para procesarnos a nosotros mismos. Esto se conoce como Visión de sí mismo. Nuestra Visión de sí mismo se determina en función de nuestra secuencia de activación sensorial. Los mismos sentidos con sus Funciones, Programas de Compresión de Datos y Elementos son el compuesto que forma nuestra Visión de sí mismo personal. La Visión de sí mismo es la forma en que nos vemos personalmente, nuestras circunstancias, nuestros eventos y nuestro entorno interno.

CAPÍTULO 8

CINCO NIVELES JERÁRQUICOS

Las **"capas de la Personalidad"** se marcan de los padres y la sociedad. Cada descendencia de cualquier padre tiene huellas en el ADN y en la Memoria Genética provenientes de sus padres. Los niños no se moverán más allá de sus padres, somos sistemas completos y los niños continuarán mostrándoles a los padres lo que les falta al padre hasta que el padre lo reconozca y cambie. Cada ser humano ha incorporado en ellos las huellas de la personalidad de la sociedad en la que crecieron con todos los componentes de esa sociedad. Estos se identifican a través de los 5 Niveles Jerárquicos de los Sistemas Organizativos.

5 NIVELES JERÁRQUICOS DE LOS SISTEMAS ORGANIZATIVOS QUE DESARROLLA EL HOMBRE. Estos son niveles de cualquier sistema organizado ordenados en orden de importancia. Se refieren a los sistemas creados o desarrollados por los seres humanos. En cualquier nivel jerárquico es importante el principio y la ley de que no se pueden solucionar los problemas en el nivel en que existen los problemas, siempre se debe subir al siguiente nivel para solucionar el problema. Entonces, por ejemplo, si se trata de un problema individual, se debe abordar la familia y solucionar el problema. Los problemas Familiares deben solucionarse a nivel Organizativo. Los problemas Organizativos deben resolverse a nivel de Sociedad/Cultura/Naturaleza y los de Sociedad/Cultura/Naturaleza deben resolverse a nivel Global.

Los 5 Niveles Jerárquicos de los Sistemas Organizativos:

1. **Individual;** Está relacionado o asociado distintivamente, destinado y perteneciente a una persona. Siendo un todo indivisible, existiendo como una entidad distinta en y por sí mismo.

2. **Familiar;** Se refiere a un grupo de individuos que viven bajo un mismo techo o un grupo de individuos de ascendencia común. También puede referirse a un grupo de personas unidas por ciertas convicciones o una afiliación común o emparentadas por características comunes.

3. **Organizativo;** Se refiere en general a una estructura administrativa y funcional y al personal de dicha estructura y la condición o forma de organización. A menudo, la organización se crea para satisfacer una necesidad en cuanto al funcionamiento de la organización.

4. **Sociedad/Cultura/Naturaleza; S**e refiere a una asociación voluntaria de individuos para un fin común, a menudo con intereses, creencias o profesiones comunes. Estos consisten en miembros individuales que han desarrollado patrones organizados de relaciones a través de interacciones entre ellos. Esto implica objetivos distinguibles, niveles de vida o conducta y, a menudo, grupos sociales que tienen una identidad claramente marcada. Estos pueden consistir en diferentes grupos que se diferencian en función de aspectos como el intelecto, las finanzas, los conocidos, las preferencias, los intereses, las habilidades, las creencias, los comportamientos y otros aspectos relacionados con los rasgos característicos de la existencia cotidiana.

5. **Global;** Se refiere o involucra al mundo entero, refiriéndose a un rango amplio o universal. Esto también puede involucrar todos los aspectos relacionados con las características de la comunicación de la existencia cotidiana, intereses, preferencias, creencias y comportamientos relacionados con un rango universal.

Si el individuo no se satisface como su yo superior, la familia debe mirarse a sí misma y cambiar. El individuo refleja las necesidades negadas de la familia. Lo que la familia desvía es simplemente reflejado por el individuo.

Esto es cierto en cualquiera de los niveles jerárquicos. Lo que el nivel superior carece o desvía se refleja en el nivel inferior. Esta jerarquía de niveles de Sistemas Organizativos comienza en el nivel 1 y se desarrolla a través de los niveles hasta el nivel 5. Se necesitan individuos completos para construir una familia, familias enteras para construir organizaciones completas, organizaciones completas para construir sociedades, culturas, naturalezas y sociedades, culturas y naturalezas completas para construir un globo completo. Mira de nuevo, esto realmente ya lo sabías.

BLOQUEOS SENSORIALES Y LA FAMILIA

Los niños no pasarán de los padres. Los padres deben cambiar. Los niños hacen esto para mostrarles a los padres lo que los padres no tienen. Entonces, los padres deben cambiar. Los niños cambian cuando los padres cambian. Los pecados de los padres están sobre la cabeza de los hijos durante cuatro generaciones.

Una imagen guiada de la persona que se va de viaje a pesar de que los demás no le dicen que pueden encontrar a otros que los ayuden en este viaje. La proyección sale hacia la otra persona en la relación y la otra persona tiene que asumir la proyección y hacerla realidad, para llevar a la persona que proyecta a donde necesita ir.

Se ha demostrado que una imagen guiada del niño devolviendo el regalo a los padres u otro miembro de la familia es útil. Ni siquiera necesitas saber cuál podría ser el "regalo". Simplemente hazlo enfocado en el papel de regalo, su tamaño, si está decorado y, de ser así, con qué y cómo. Dónde puedes darle el "Regalo" a la persona, la ubicación del intercambio de "Regalo". La experiencia imaginaria de ti mismo trabajando con el Subconsciente, estás en terrenos sagrados tanto con el tuyo como con el del otro.

Las áreas bloqueadas se muestran como áreas en los movimientos corporales que no están usando, esto también puede ser reconocido lingüísticamente por las palabras utilizadas para construir las oraciones. Esto requiere práctica, ya que a veces las palabras se pueden asumir o presuponer y, a veces, las palabras simplemente faltan y no están.

Hacer que una persona simplemente active físicamente el área del cuerpo o la posición del sentido hará que el sentido se abra más cuando esté bloqueado. Además, hacer que una persona simplemente agregue una palabra de referencia sensorial en su oración con respecto al sentido bloqueado puede abrir más el sentido. No los hagas pensar en ello, hablar de ello o tratar de resolverlo o explicarlo. Simplemente mantente en la misma posición del sentido que está bloqueado.

La regla de los 2 segundos se aplica como una forma de identificar áreas bloqueadas del mapa de activación sensorial neurológica. Cuando un individuo habla, piensa o responde conscientemente de cualquier manera, dentro de los 2 segundos de haber recibido conscientemente los datos del subconsciente, tendrá algún movimiento o respuesta corporal, en el área donde el subconsciente disparó por última vez por los datos dados al consciente. Esta forma de identificar los bloqueos sensoriales es muy vital no solo para identificar los bloqueos subconscientes, sino también para determinar el proceso subconsciente completo de la activación de las neuronas sensoriales para el acceso consciente con respecto a cualquier cosa que llega al consciente. Esto incluso sucede cuando el consciente ni siquiera está al tanto aún.

En 2 segundos, el Subconsciente ha procesado los Datos y cualquier movimiento, gesto o posición del cuerpo indica el último sentido activado por el Subconsciente. Identificar la ubicación y consultar el Mapa Holográfico del Cuerpo Humano no solo identificará el orden de activación del procesamiento, sino que identificará el área procesada en el Subconsciente. Esta Regla de los 2 segundos se aplica con cualquier procesamiento Subconsciente y movimiento corporal, gesto o posición en todos los Procesos Subconscientes.

CAPÍTULO 9

CORRESPONDENCIA Y PRINCIPIO DE INTEGRIDAD

Principio de Integridad; La Fuerza Unificadora que nos mantiene unidos. La unificación interna proviene del macrosistema para vivir y crecer. Lo que resistimos persiste. Esta fuerza promueve la integración de todas las partes. Este principio también se aplica a los Niveles Jerárquicos de la Organización creados por el hombre. Todo tiene una fuerza unificadora por su naturaleza para vivir y crecer. Cuando los individuos resisten en lugar de integrarse al sistema como un todo, el sistema comienza a reflejar las necesidades del individuo y el problema no desaparece, sino que crece en todo el sistema.

Integración; existe debido a la estructura y los procesos. Los Sistemas Naturales están unificados de formas que hacen que las partes trabajen juntas, en paralelo a través de las Leyes de Similitudes y Correspondencia. Integraciones de Conceptos, Príncipios y Modelos trabajando juntos. Los Elementos están Interrelacionados y son Interdependientes sin Desviaciones o cambios como en el Propósito de Acción, desde el Principio y la Fase de Formación.

Unidad; en la Física son los aspectos unificadores de los Sistemas Naturalmente Integrados que tienen la cualidad o estado de ser Múltiples. La cualidad o el estado de ser Múltiple está en la capacidad de los sistemas naturalmente integrados de volverse más y más grandes basándose en su propósito y función originales. Cuando cualquier aspecto de un sistema dado se vuelve disfuncional y las disfunciones se resisten y no se integran y corresponden en el sistema, la disfunción se desvía del propósito original del sistema. Esta desviación del propósito original requiere que el nivel por encima de la disfunción deba decidir sobre 3 acciones separadas que puede tomarse para devolver la desviación al propósito original del sistema.

Intención; es la determinación del sistema, la inercia del sistema, desde el Principio. El propósito, la intención, la función es la propiedad o materia real que mantiene todo en movimiento en un movimiento uniforme como en la misma línea recta a menos que actúe alguna fuerza externa. Esta correspondencia entre el individuo, el sistema y el medio ambiente es una parte natural del crecimiento y cambio de cualquier sistema.

Concepto; Algo concebido en la mente, pensamientos, movimientos.

Principios; Ley fundamental, supuestos, leyes o hechos de la naturaleza y vivir el funcionamiento de un dispositivo artificial (axioma).

Similitudes/Correspondencia; Cuando un sistema completo tiene partes o elementos similares que deben unificarse en todo el sistema, estos se agregan más fácilmente al sistema. Las similitudes de los elementos se corresponderán más fácilmente con otros elementos. La clave para mantener el sistema completo es mantener el propósito original del sistema. Cada elemento mantiene su función e identidad individual mientras se corresponde con todos los demás elementos; esto provocará un proceso natural de crecimiento del sistema completo. Todos los elementos y aspectos de cualquier sistema dado deben poder y estar dispuestos a corresponder con todos los demás elementos del mismo sistema para que el sistema sea saludable. Esta capacidad de corresponder rige la Naturaleza de la Función teniendo partes o procesos en cualquier nivel, de la misma forma, que resuenan como uno. Partes similares cambian juntas. Ejemplo: 2 electrones, cuando 1 cambia su espín y el otro también cambia su espín. La Totalidad de partes relacionadas que están en un todo complejo se corresponden naturalmente y se afectan entre sí, dejando el Multiplicando (Propósito) sin cambios. Correspondencia; es el acuerdo de las cosas entre sí de una semejanza particular de su relación entre sí. La Comunicación y la Información deben corresponder en su Función para que una o ambas cumplan con su propósito o Función individual. La comunicación es vital para que cualquier sistema funcione como un sistema completo. Cada aspecto del sistema debe comunicarse con todos los aspectos de todo el sistema. Esta comunicación debe referirse al propósito de todo el sistema y en lo que respecta al crecimiento y cambio de los sistemas.

Conceptos/Principios/Modelos Interrelacionados/Interdependientes sin Desviaciones o Cambio de Propósito de Acción. La acción cambia. El propósito de acción es lo que queda de todo el sistema desde su propósito inicial.

Todas las cosas que se conciben en la mente deben mantener los principios y modelos en todo el sistema y permitir que cada aspecto del todo mantenga su propia identidad original mientras forma el todo.

Tómate el tiempo de cambiar el Continuo del Desorden Natural que ocurre por el Futuro. Para cambiar por Naturaleza, la Función y la Condición deben cambiarse.

El tiempo en sí está naturalmente diseñado para hacer que las acciones, los procesos o las condiciones del Futuro se conviertan de forma natural en un estado de Desorden. Esta es una parte muy natural del tiempo, ya que las acciones, los procesos o las condiciones deben cambiar constantemente para el movimiento Futuro. Hay muchos aspectos que muestran la forma en que la Tierra, la Humanidad, los negocios, la vida misma, están cambiando constantemente.

En realidad, el tiempo se puede utilizar en sí mismo para ser parte de la posibilidad de cambiar los Continuos del Desorden Natural de los Movimientos Futuros (Tiempo), las mediciones entre acciones, procesos o condiciones. La creación de 3 acciones, condiciones y procesos separados y diferentes colocados en un continuo de tiempo ayuda a que todo el sistema trabaje con diferencias desviadas. Aun teniendo en cuenta el propósito original del sistema como un todo.

El Multiplicando es el propósito original de todo el sistema. Mantén el multiplicando en primer lugar en tu mente con respecto a cualquier correspondencia o comunicación entre aspectos separados o diferentes de todo el sistema.

Este Desorden Natural se debe en parte a la Energía no disponible en cualquier Sistema Cerrado y cualquier Sistema se convierte en un Sistema Cerrado cuando no cambia constantemente entre medidas pasadas, presentes y futuras, lo cual es el significado y la Función del Tiempo. El cambio entre pasado, presente y futuro es un proceso de acción y elección que se corresponde con otros elementos y sistemas dentro de todo el sistema.

La Energía No Disponible en un Sistema Bloqueado variará directamente con cualquier cambio reversible dependiendo del grado de desorden requerido para el grado de cambio para acciones, procesos o condiciones futuras, dentro de cualquier sistema dado.

Expansión de Similitud; Despliégate y ábrete a las similitudes. Extiéndete y aumenta para ampliar todo el sistema. Con una diferencia similar, simplemente expande lo que el sistema en su conjunto ya está haciendo para su propósito original. Aumenta y agrega a lo que ya es y esto aborda las diferencias similares. Nada en la vida desaparece de inmediato y es el sistema en su conjunto, ya sea como individuo o como familia u organización, con lo que estamos tratando. La similitud y la expansión mantiene el sistema unido y lo mantiene funcional y no disfuncional. Todo el mundo tiene opciones y con este enfoque del modelo físico, todavía se les da a todos la posibilidad de elegir.

Tiempo de Unidad con el propósito original del Multiplicando. Mantener una cualidad o estado de ser uno en propósito. La identidad del todo sigue siendo la misma independientemente de las experiencias desviadas. La unificación de partes para constituir un todo y promover un efecto total indiviso. La unidad es el principio para desviar los problemas o anomalías dentro de un sistema dado. Un problema que se desvía dentro del sistema puede parecer incluso una lucha contra el propósito del sistema.

Las anomalías desviadas significan que el sistema debe tomar 3 acciones, condiciones y procesos que pertenecen al propósito original y repetirlos durante un período de tiempo para ayudar a que la anomalía desviada se corresponda con el conjunto nuevamente. La anomalía desviada tiene un propósito en todo el sistema para hacer que el conjunto crezca más y cambie.

La Correspondencia Rige la Función; La Naturaleza tiene partes o procesos en cualquier nivel, de la misma forma, que resuenan como uno. Partes similares cambian juntas. Al igual que con los 2 electrones, cuando uno cambia su espín, el otro también cambia su espín. La Totalidad de partes relacionadas que están en un todo complejo se corresponden naturalmente y se afectan entre sí, dejando al Multiplicando sin cambios.

La correspondencia es el acuerdo de las cosas entre sí de una similitud particular de su relación entre sí. La Comunicación y la Información deben corresponder en su Función para que una o ambas cumplan con su propósito o Función individual.

El Sistema Humano ES; UN SISTEMA COMPLETO, ¡¡¡¡puede unificar partes que son muy diferentes!!!! Los sistemas completos, por su propia definición y naturaleza, unifican partes incluso cuando las partes se vuelven o son diferentes dentro del sistema completo. Este es un hecho de la Naturaleza, la Física y los Seres Humanos.

Integración; Los Sistemas Integrados, Elementos y Funciones están interrelacionados y son interdependientes de otros Elementos y Funciones. El cambio de un Elemento de un Sistema Integrado afecta al resto del sistema en su totalidad. La integración es el proceso de hacer un Todo y esto funciona debido a los Principios de Correspondencia, Unidad, Realidad e Integridad.

Hay 4 tipos de Sistemas o Modelos de Integración; 1) Simbólico, 2) Enérgico, 3) Cuerpo Entero, 4) Lingüístico:

1. La Integración **Simbólica** es un proceso de emplear símbolos para relacionar elementos o constituirlos mediante símbolos. Los Elementos

y Funciones se integran en el sistema por la propia naturaleza de los símbolos. Integrando partes diferentes con una semejanza directa con el referente de Función y Elemento. Los símbolos simplemente representan un todo.

2. La Integración **Energética** es una entidad fundamental de la naturaleza que se transfiere entre partes de un sistema en la producción de cambio físico dentro del sistema. La Energía utilizable dentro del sistema, que es un recurso en todo el sistema. La integración de la energía afecta a todo el sistema.

3. La Integración del **Cuerpo Entero** es interrelacionar de manera interdependiente con otros sistemas dentro del cuerpo que están completos o sanados, físicamente sanos y saludables para integrarse con sistemas no saludables dentro de todo el sistema para ayudar a que los sistemas heridos sanen. Esto es cuando el procesamiento mental es positivo para ayudar en la sanación emocional o física.

4. La Integración **Lingüística** es el lenguaje y el uso de palabras que se integran con todo el sistema y el proceso de hacer y mantener el sistema completo. Las palabras que usamos y la forma en que nos expresamos es vital para ayudarnos a ser sistemas completos (seres humanos) saludables. Cuando las palabras que usamos se corresponden con nuestras Funciones y Elementos de ser un todo, esto "Integra" todo el sistema.

La integridad es la condición de ser "Íntegro" o completo. Integrar es el proceso de hacer un Todo. La integridad existe porque la estructura y los procesos de los Sistemas Naturales están unificados de una manera que hace que las partes trabajen juntas en Paralelo, con Similitudes y Correspondencia.

En serio, fuimos creados con el potencial de ser seres humanos completos y sanos.

La conciencia es una forma dada por el espacio y la dimensión. No solo pensamos y tenemos conciencia dentro de los confines del cerebro humano.

La conciencia es un campo y tenemos la capacidad de tener conciencia e interacciones conscientes dentro del campo de la conciencia consciente. El Mapa de la Teoría de la Transformación Humana Holográfica identifica este campo de conciencia para identificar las cosas que sabes que aún no te has dado cuenta de que sabes. Este campo de conciencia es dimensional como se describe a continuación y como se ilustra en el Mapa de la Teoría Humana Holográfica.

DIMENSIÓN: La Dimensión es un nivel de existencia o conciencia. La Dimensión consiste en un grupo de propiedades cuyo propósito es necesario y suficiente para determinar de manera única cada elemento de un sistema. Es como la vida y es realista, e identifica el rango o el grado en que la conciencia se extiende alrededor de nuestro ser. Estos son los elementos o factores que componen una personalidad o entidad completa.

Altura; La distancia desde la parte inferior hasta la parte superior en posición vertical, algo medido verticalmente.

Profundidad; Es una medida lineal directa de adelante hacia atrás, una medida vertical.

Lateral; Se sitúa o se relaciona con los lados, extendiéndose de lado a lado.

Los pensamientos son cosas; el producto intelectual o los puntos de vista organizados de nuestras creencias, las acciones de un individuo, son el producto del pensamiento. Incluso la imaginación es un poder de razonamiento del pensamiento, una intención en desarrollo o un plan de acción. El pensamiento tiene poder en sí mismo y nuestro pensamiento puede anular incluso nuestros programas subconscientes. Esto se demuestra a través de la meditación, el pensamiento positivo y otras formas de la mente sobre la materia.

El movimiento tiene significado; Cualquier acto o proceso de movimiento, cambio de lugar o posición o postura, todo tiene un significado. Los movimientos, sean micro o macro, son una recopilación de una serie de actividades organizadas que trabajan hacia un objetivo y transmiten un significado definido. La comunicación verbal representa el 6% de nuestra comunicación, y mucho más se comunica en nuestro movimiento, posición y gestos. El movimiento indica un propósito y lo que se pretende transmitir en nuestras comunicaciones. El movimiento puede leerse como el significado oculto o especial del mensaje esperado en nuestro pensamiento y nuestro lenguaje verbal. Leer el movimiento del cuerpo puede dar el mensaje que la mente intenta transmitir en cuanto al propósito de las palabras utilizadas. El Mapa Corporal de la Teoría Humana Holográfica indica el propósito directo y previsto del lenguaje utilizado. Este movimiento también es verdadero cuando no se utilizan palabras para expresar algo. Al saber leer el movimiento, no se necesitan palabras ni expresiones verbales. El movimiento se puede utilizar para interpretar el verdadero significado de cualquier expresión, así como el significado adicional implícito.

Dónde y Cómo te mueves da sentido a los movimientos. El Mapa de la Teoría Humana Holográfica identifica los 6 diferentes sentidos humanos y su ubicación en diferentes áreas del Cuerpo Humano.

Cuanto más Táctil seas, más tratarás a las ideas como cosas. Algunas personas son muy perceptivas a través del sentido del Tacto, lo que les permite tener un gran sentido de relación con las ideas a través del sentido del Tacto. Tienen la capacidad de responder a otros estímulos sensoriales a través del sentido del Tacto.

Cuanto menos táctil seas, menos tratarás a las ideas como cosas. El sentido del Tacto no solo crea programas y modelos para nuestras relaciones y nuestra función táctil, crea nuestros modelos de programa para nuestra capacidad de relacionar una cosa con otra. Ser capaz de mostrar o establecer una conexión lógica o causal entre las cosas, ya sean físicas o filosóficas. Ser menos táctil puede hacer que un individuo parezca algo desapegado a las conversaciones y situaciones.

La diferencia entre el Mapa Plano de la Transformación Humana Holográfica y el Mapa Dimensional de la Teoría de la Transformación Humana Holográfica indica el cambio en la ubicación de la identificación de los sentidos, Funciones y Elementos que se procesan en el cerebro humano.

Ejemplos:

"Oh, Dios mío" mano a los ojos o a la frente = emocional.

Brazo elevado en el aire = físico.

MATRIZ DE SIGNIFICADO DEL MOVIMIENTO ARRIBA O ABAJO, HACIA ADELANTE O HACIA ATRÁS, IZQUIERDA O DERECHA

Los Mapas de la Transformación Humana Holográfica Planos y Dimensionales son la Matriz de significados del movimiento en todas las dimensiones.

Imagínate mordiendo una manzana o un limón. Fíjate si este pensamiento te hace salivar la boca. Si es así, entonces estás experimentando un ejemplo del principio de unidad basado en las similitudes y correspondencia.

Los sistemas integrados, como lo son los seres humanos, no son partes aisladas, son aspectos de sistemas integrados y están interrelacionados y son interdependientes. Cambiar una parte o aspecto de un sistema integrado afecta al resto del sistema. Este es un proceso natural para formar, coordinar o fusionar en un todo funcional o unificado e implica encontrar lo integral (completo) como una función o ecuación para el todo, integrando cada aspecto con otros aspectos, incorporándose a la unidad más grande trabajando juntos para tener un sistema completo. Cada aspecto del sistema mantiene su identidad y su función aunque se relaciona con otros aspectos dentro del mismo sistema completo. Cambiar un aspecto de un sistema completo integrado cambia a su vez otros aspectos diferentes completamente separados del mismo sistema completo.

Esto se experimenta fácilmente si puedes cambiar fácilmente de opinión, puedes cambiar fácilmente tus emociones y viceversa. Los seres humanos son seres complicados multifuncionales que tienen muchos sistemas completos operando dentro de varios sistemas de su ser. Independientemente de cuán separados puedan estar estos diferentes sistemas de otros sistemas, cualquiera de estos sistemas puede tener un efecto negativo o positivo en cualquier otro sistema dado.

Cada parte de tu ser es una parte importante de todo tu ser. Cada parte de tu ser se comunica con cada parte de todo tu ser. Independientemente de los pensamientos de la parte consciente de tu ser, otras partes de ti también se comunican. Eres un ser completo y, por tu propia naturaleza, todo tu ser se comunica al 100% contigo mismo y con tu entorno.

CAPÍTULO 10

ENGAÑO DE LOS SENTIDOS HUMANOS

Todos tus comportamientos se basan en modelos internos que has creado en función de tus experiencias de vida, la forma en que las procesaste y la forma básica en que funciona el sistema consciente, subconsciente y límbico. Trabajan sin que les digas, sin conocimiento de tu conciencia, simplemente basándose en las funciones y procesos que hacen por sí mismos para tu procesamiento.

Los límites son creencias internas de las que ni siquiera somos conscientes. Las creencias de los límites están directamente conectadas a nuestras respuestas de capacidad. Los límites autolimitantes con respecto a nuestras capacidades crean poderosos estados negativos del ser.

Los efectos que la mente y las emociones tienen sobre el cuerpo son evidentes en numerosos ejemplos. Somos seres completos y cada Elemento completo de nuestro ser afecta a otros Elementos de todo nuestro ser.

Procesamiento de niveles superiores, funciones abstractas; Cuando a una persona se le hace una pregunta, se procesa en un campo (sentido) en unos dos segundos. Observar los gestos corporales o la posición en esa área del campo puede ayudarte a identificar el sentido que están procesando para obtener su información.

La segunda pregunta te lleva a los recursos. Cualquiera que sea la segunda pregunta para la persona, el subconsciente está procesando para obtener la respuesta o los recursos para la respuesta. Es imposible siquiera ser consciente de una pregunta sin que la respuesta ya exista también en el cerebro. Así como esto es cierto, no se puede tener un problema sin tener la solución al problema. Incluso si el consciente aún no es consciente de la respuesta o de los recursos o soluciones, el cerebro sí, y conocer los campos de la conciencia puede ayudarte a descubrir conscientemente los recursos.

CONÓCETE A TI MISMO

Nuestro mundo interior no debería ser un misterio. Si somos extraños para nosotros mismos, simplemente somos extraños. Otros no pueden aprender más de la sabiduría del hombre y enseñar basándose en la sabiduría del hombre sobre nuestro yo interior. Ya conocemos nuestro yo interior y el misterio no es ningún misterio en absoluto. Es solo una cuestión de acceder a nosotros mismos en función de nuestro funcionamiento interno. No hay razón para ser "extraño" porque hay muchas cosas que sabemos sobre nosotros mismos y se aprenden cosas nuevas todo el tiempo. Conocer el camino, que funcionamos por naturaleza, nos abre a conocer todo nuestro verdadero yo interior. Todos hemos tenido experiencias diferentes y las hemos percibido de manera diferente. Cada uno de nosotros somos individuos ilimitados únicos y diferentes.

Cuanto más busquemos la sabiduría analítica de los demás, menos nos conoceremos a nosotros mismos.

Conocer la forma en que funciona el cerebro y el cuerpo, sus modelos, funciones y procesos es un nuevo autoconocimiento de tus propios modelos, conceptos y procesos.

Algunas cosas las sabemos y las hemos sabido desde hace décadas, como las funciones conscientes.

FUNCIONES SUBCONSCIENTES, PROCESOS, META-PROGRAMAS

La palabra **Meta** proviene de una palabra griega que significa Global. Aproximadamente en el tercer grado, nuestros Metaprogramas obtienen un programa organizativo intacto. Los diferentes sentidos humanos tienen Metaprogramas diferentes con los que funcionan en el subconsciente. Tan pronto como se establece la generalización, el cerebro coloca un símbolo para representar la generalización. Las generalizaciones se pueden cambiar cifrando los símbolos, cambiando los símbolos, usar la BTD para llegar al evento(s), emoción(es) que desencadena la generalización.

El subconsciente y los diferentes sentidos humanos tienen diferentes Metaprogramas. Algunos Metaprogramas no se pueden modificar y no hay ningún proceso disponible para cambiarlos. Otros Metaprogramas se pueden cambiar y, de hecho, se eligen a temprana edad cuando establecemos nuestros otros procesos y programas subconscientes. Los Metaprogramas son la forma en que el subconsciente de una persona procesa su información para el acceso consciente a la información.

La computadora maestra que es el subconsciente no puede hacer nada sin programas para operarla. Los Metaprogramas son los programas de procesamiento de información para nuestro subconsciente.

Las siguientes son listas y ejemplos de diferentes META-PROGRAMAS usados y/o disponibles en el subconsciente.

Son la estructura de lo que somos conscientes, nuestras razones para ser conscientes de qué y nuestras interpretaciones de nuestra conciencia.

Cualquier experiencia consciente que tengamos se debe a los Metaprogramas que operan en nuestra computadora maestra. Para comprender, para cambiar cualquiera de nuestras experiencias conscientes, ya sean personales o interpretadas, primero debemos comprender los programas que ejecutan estas experiencias.

El subconsciente procesa todo en una BTD, una Búsqueda Transderivacional. Está representado por el Tiempo, pasado, presente y futuro. El **primer y cuarto** sentido procesados en este orden por el subconsciente se utilizan como **sentidos de referencia** para el subconsciente. Estos son considerados como sentidos preferidos por el subconsciente. El sentido al que el consciente sigue refiriéndose en su pensamiento. Los otros sentidos básicamente sirven como presidente de comité para el primer y cuarto sentido.

El **segundo y quinto** sentido activado a través del subconsciente se conoce en el subconsciente como **sentidos trituradores o sentidos de decisión**. Estos son los dos sentidos primarios que el consciente considera más importantes para sus aspectos de toma de decisiones en el enfoque consciente.

El **tercer y sexto** sentido activado en la BTD subconsciente son los **sentidos motivadores**. Los sentidos a los que se refiere el consciente para motivarse a continuar, a hacer cosas, a sentirse motivado.

Un campo se define como una región del espacio caracterizada por una propiedad física. Los seres humanos son una propiedad física y, por lo tanto, existen dentro de un campo. Este campo es lo que llamamos conciencia. Sin embargo, se le ha dicho muy poco al ser humano promedio sobre su campo de conciencia. Analizar al ser humano no identifica el campo de la conciencia. Comprender la forma en que los elementos humanos funcionan y trabajan juntos ayuda a comprender el campo humano de la conciencia. Cada aspecto del ser humano tiene inteligencia. Nuestros órganos internos, cada célula viva, nuestros químicos corporales, nuestro sistema nervioso central, nuestros sistemas químicos, nuestros sentidos, el consciente y el subconsciente están vivos, con su propia inteligencia, procesos, funciones. Los diferentes campos de la conciencia trabajan juntos. Son similares en funciones, se corresponden entre sí, y están unificados y resuenan juntos y entre sí. El campo consciente de cada persona es identificable y comprensible para el ser humano entrenado. El nivel de desarrollo personal e incluso la inteligencia de un individuo puede medirse y aumentarse simplemente por la capacidad de uno para percibir este Campo en sí mismo y en los demás.

El campo consciente humano se conoce como campo mental. Los campos mentales constan de tres áreas principales del ser humano:

1) Mental, 2) Emocional y 3) Física.

Como seres humanos, somos como un sistema informático, solo que mucho más complicado. Recibimos datos, a través de nuestros sentidos humanos.

El subconsciente recibe estos datos basándose en el primer campo. El campo "Mental". Este pone todos los datos recibidos inmediatamente en el pasado y les da valor, significado, idea y razón. Se basa en el sentido del sonido y la vista con los Metaprogramas, funciones y elementos asociados con estos sentidos.

Esta información (datos) luego se procesa y almacena como modelos, creencias y recuerdos basados en el segundo campo. El campo "Emocional". Este pone el procesamiento y los modelos de programa en nuestras respuestas emocionales, en nuestro tiempo presente, con respecto a nuestras acciones, relaciones y otros elementos y funciones del sentido del tacto y la energía.

El subconsciente transmite estos programas/modelos a partir de los datos recibidos y procesados a través del tercer campo mental. El campo "Físico". Este coloca el proceso de "transmisión" en nuestro futuro para nuestros comportamientos, estrategias, creencias sobre el carácter y procesos con otras funciones y elementos del sentido del gusto y el olfato.

Procesamos esto internamente como información. Almacenamos esta información como modelos, creencias y recuerdos. Luego, transmitimos esta información a través de nuestro lenguaje y nuestros comportamientos.

Esta es la forma en que todo nuestro lenguaje y comportamientos se basan en modelos y procesos internos que hemos creado nosotros mismos. Este es el medio para cambiar, nuestros modelos internos luego cambian nuestros comportamientos y viceversa. Así como cambiar nuestro lenguaje puede cambiar nuestros modelos internos.

CADA UNO DE LOS SENTIDOS TIENE UNA SECUENCIA POSITIVA Y NEGATIVA. SER NEUTRAL HACE QUE SE DETENGA EL ORDEN DE ACTIVACIÓN Y LOS CAMBIOS POSITIVOS O NEGATIVOS DEPENDIENDO DE LO QUE ERA ANTES DE LA NEUTRALIDAD

Desvincularse en una posición de algo o no estar alineado o comprometido con ninguno de los lados provoca un cambio completo entre lo positivo y lo negativo, basado en lo que era antes de la desvinculación.

Mental; Pasado, Intención, Identidad, tiempo, pensamientos en forma de imágenes y sonidos y diálogos internos

Sonar; Elimina por comparación/coincidencia. La información sonora eliminada por el subconsciente no se descarta. El subconsciente elimina la información que no encaja en función del estado mental actual del individuo. La información eliminada se mantiene en espera hasta que tenga suficiente información de la conciencia para crear una nueva generalización. Orientado detalladamente pregunta y sabe "qué". Valores, ideales éticos honrándose a sí mismo. El sonido y sus procesos son subjetivos. Según el diccionario, lo subjetivo procede de la mente humana o tiene lugar en ella, en lugar del mundo externo, subjetivo personal. El salto cuántico es correcto, intencionado.

Vista; Elimina por contraste. Nuevamente, la información eliminada no se destruye, se mantiene en espera hasta que el consciente da al subconsciente suficiente información para hacer una nueva generalización. Pregunta y sabe "por qué". (Ideas, razones y conceptos orientados al alcance). El salto cuántico es incorrecto, intencional. La vista es objetiva, definida como de o que tiene que ver con un objeto externo, no influenciado por emociones o prejuicios personales. Cuando a alguien le falta un sentido del procesamiento mental, se toparan con que tienen un concepto superficial de las cosas.

Emoción; presente, contexto, distorsión, comunicación, emociones positivas y negativas

Tacto; hacia, distorsiona por amplificación, se hace distorsión para hacer un subtítulo de la generalización, presente, conoce y pregunta "Quién". El tacto es subjetivo. El salto cuántico es Dios, contexto, espacio. Intuición, Acciones, presente, pregunta y sabe "cuál" y distorsiona por disminución, contexto y espacio. Relaciones y la forma en que se relacionan las cosas.

Intuiciones; La energía es objetiva. El Puente Cuántico es uno mismo. Cuando a uno le falta información de uno de estos sentidos, tendrán un uso o aplicación restringidos de las cosas. Intuiciones, acciones, distorsiones por disminución para hacer generalizaciones. Pregunta y sabe "cuál".

Cuerpo; futuro, contenido, generalizar. Gusto; creencias sobre el carácter, habilidad, competencia, capacidad. Las cualidades del ser, generalizado por similitud, cortan otras partes para generalizar. Pregunta y sabe "cómo". El Puente Cuántico es la vida, contenido. Materia corporal, física. El Gusto es subjetivo.

Olfato; Creencias sobre la naturaleza de las cosas, la forma en que funcionan las cosas, creencias sobre los hechos y la habilidad, pregunta y sabe "dónde", generaliza por diferencias, el puente cuántico es la muerte, contenido, materia, cuerpo, físico. El olfato es objetivo. Cuando a alguien le falta información de uno de estos sentidos, tendrá una estructura estrecha de cosas.

El séptimo sentido; El sentido del yo y/o del tiempo es la integridad, la totalidad de todos los sentidos. Es el gran Yo Soy, el Chi, y sabe y pregunta "Cuándo". Este representa cuando los otros seis sentidos han completado su ciclo con éxito.

No te dejes engañar por los engaños de tus sentidos. El Subconsciente, por su propia estructura, patrones y procesos (Naturaleza), utilizando Programas de Compresión de Datos, cambia los Datos sensoriales reales a medida que los procesa antes de colocarlos en Modelos o Programas Subconscientes o de permitir que incluso lleguen a ser conscientes.

Tomemos, por ejemplo, el sentido del Sonido. El Sonido se utiliza en el Subconsciente para crear nuestros Valores, Ética y Significados, sus Modelos y Programas. El Sonido es uno de los sentidos donde se almacenan las Memorias Pasadas y sus Modelos y Programas. Uno de los muchos Patrones de Compresión de Datos para el sentido del Sonido es "Eliminar" los Datos del Sonido en función de la similitud del Sonido, el Sonido en el Subconsciente son las frecuencias. Por lo tanto, el Acceso Consciente resulta de solo este Proceso de Compresión de Datos, en solo 2 Funciones del sentido del Sonido resulta en que Nuestros Valores, Ética y Significados se "Eliminen" en función de la Similitud, así como en que nuestras Memorias Pasadas se "Eliminen" en función de la Similitud. ¿Alguna vez te has preguntado o escuchado a otros decir cosas como: "¿Por qué sigues repitiendo tus errores del pasado?"? Después de un período de repeticiones, la Memoria Pasada y los Valores y Significados aprendidos se vuelven los "Mismos" y el Subconsciente simplemente no le da los Datos "Libremente" al Consciente, el Consciente tiene que hacerlos.

APRENDER EL PROCESO DE PREGUNTAS DEL ORDEN DE ACTIVACIÓN SENSORIAL PARA CADA PERSONALIDAD SENSORIAL E

INTEGRA LOS SENTIDOS PARA LA TOTALIDAD A TRAVÉS DEL ORDEN DE ACTIVACIÓN

FUNCIONES SUPERIORES DE LOS SENTIDOS Y SU PREGUNTA PRINCIPAL

SONIDO; VALORES, ÉTICA Y SIGNIFICADO. ¿QUÉ?

VISTA; IDEAS, RAZONES Y CONCEPTOS ¿POR QUÉ?

TACTO; RELACIONES Y LA FORMA EN QUE LAS COSAS SE RELACIONAN. ¿QUIÉN?

ENERGÍA; ACCIONES E INTUICIONES. ¿CUÁL?

GUSTO; CREENCIAS SOBRE EL CARÁCTER Y LOS PROCESOS. ¿CÓMO?

OLFATO; CREENCIAS SOBRE ESTRATEGIAS. ¿DÓNDE?

TIEMPO; YO. ¿CUANDO?

HAY CIERTO ORDEN DE ACTIVACIÓN PARA LOS SENTIDOS.

IDEALISTA - SONIDO (Qué), TACTO (Quién), GUSTO (Cómo), VISTA (Por qué), OLFATO (Dónde), ENERGÍA (Cuál)

CONCEPTUALISTA - VISTA (Por qué), OLFATO (Dónde), ENERGÍA (Cuál), SONIDO (Qué), TACTO (Quién), GUSTO (Cómo)

RELACIONALISTA - TACTO (Quién), GUSTO (Cómo), SONIDO (Qué), ENERGÍA (Cuál), VISTA (Por qué), OLFATO (Dónde)

ACCIONISTA - ENERGÍA (Cuál), VISTA (Por qué), OLFATO (Dónde), TACTO (Quién), GUSTO (Cómo), SONIDO (Qué)

FUNCIONALISTA - GUSTO (Cómo), SONIDO (Qué), TACTO (Quién), OLFATO (Dónde), ENERGÍA (Cuál), VISTA (Por qué)

ESTRATEGA - OLFATO (Dónde), ENERGÍA (Cuál), VISTA (Por qué), GUSTO (Cómo), SONIDO (Qué), TACTO (Quién)

Sensory Firing Orders

	1st	2nd	3rd	4th	5th	6th
Relationalist:	Who	How	What	Which	Why	Where

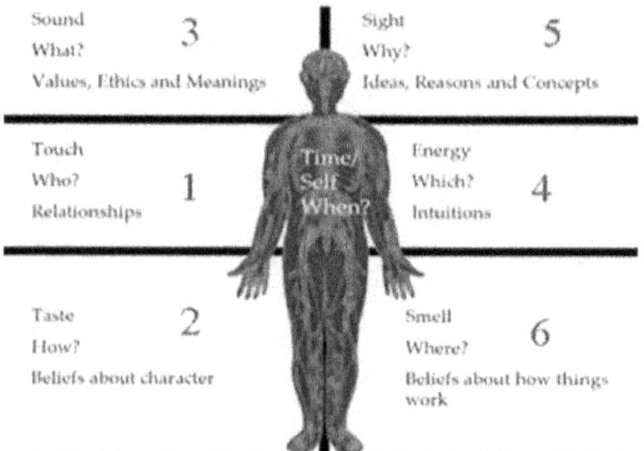

EL ORDEN DE ACTIVACIÓN SENSORIAL AFECTA NUESTRA EXPERIENCIA CONSCIENTE

EL 1ER Y 4TO SENTIDO SON PUNTOS DE REFERENCIA

EL 2DO Y 5TO SENTIDO SON PUNTOS DE DECISIÓN

EL 3ER Y 6TO SENTIDO SON PUNTOS DE MOTIVACIÓN

CUANDO EL SUBCONSCIENTE REALIZA UNA SECUENCIA NEUROLÓGICA DE ACTIVACIÓN COMPLETA, EL CONSCIENTE TIENE ACCESO A TODOS LOS DATOS RELATIVOS AL TEMA

Los sentidos humanos representan diferentes aspectos de nuestras vidas en nuestro procesamiento subconsciente.

El subconsciente procesa el sonido para mantener información sobre nuestros valores, nuestra ética y las cosas que tienen significado en nuestras vidas. El subconsciente procesa bits de información sólida eliminando la información por similitud. Cuando los mismos bits de sonido llegan al subconsciente una y otra vez, el subconsciente eliminará automáticamente el mismo sonido del acceso consciente. Esta es la razón por la que el sonido de un tren, cuando vives junto a la vía, parece desaparecer después de un tiempo. Además, si trabajas en una fábrica, puede parecer fuerte al principio, pero después de un tiempo, los sonidos pasan a un segundo plano.

La vista es procesada por el subconsciente para mantener información sobre nuestras ideas, razones y conceptos en nuestras vidas. El subconsciente procesa fragmentos de la vista eliminando la información por diferencia. Esto hace que sea más difícil identificar visiones que no son comunes o un elemento nuevo al principio. El subconsciente sigue procesando los nuevos datos visuales, pero los mantiene alejados del acceso consciente hasta que se repiten una y otra vez hasta un punto de similitud en el subconsciente.

El tacto se procesa en el subconsciente para el uso consciente de la información sobre nuestras relaciones y la forma en que se relacionan las cosas. El subconsciente procesa bits de información táctil distorsionando la información por amplificación. Entonces, las cosas que experimentamos a través de nuestro sentido del tacto en realidad se distorsionan de cómo son realmente al ser amplificadas en el subconsciente antes de llegar a un nivel consciente. Es por eso que podemos experimentar conscientemente la piel de gallina, escalofríos, mariposas, a través de nuestro sentido del tacto. También es la razón basada en las funciones conscientes de las relaciones y cómo se relacionan las cosas, que podemos esperar más de lo que realmente obtenemos de una relación y la razón por la que pensamos que una cosa se relaciona con otra cuando no tiene nada que ver con la otra cosa. El tacto se procesa en el cerebro y luego a través del sistema nervioso central en el lado medio derecho de nuestro cuerpo.

La energía se procesa en el subconsciente para que el consciente tenga acceso a información sobre las acciones y pueda realizar acciones y conocer las acciones tomadas y las acciones a tomar.

La energía y la acción también se utilizan conscientemente para acceder a nuestras intuiciones. El subconsciente procesa la energía y las intuiciones distorsionando los bits de datos disminuyendo la energía, disminuyendo así la conciencia de las acciones y las intuiciones. Este procesamiento subconsciente para el uso consciente de la disminución de la energía, la acción y la intuición hace que el consciente cuestione o dude constantemente sobre las acciones, la energía y las enseñanzas. La energía se procesa en el cerebro y luego a través del sistema nervioso central a través del lado medio izquierdo de nuestro cuerpo.

El gusto se procesa en el subconsciente y la información se usa conscientemente para las creencias sobre el carácter. Una de las formas en que el subconsciente procesa los bits de información del gusto es generalizándolos basándose en la similitud. La generalización de los bits de información gustativa por similitud hace que el consciente note naturalmente los mismos rasgos de carácter. Así es como notamos naturalmente, incluso en personas que en realidad pueden ser muy diferentes a nosotros, los rasgos de carácter. Este procesamiento también hace que ignoremos, en un nivel consciente, diferentes rasgos de carácter en los demás.

El olfato se procesa en el subconsciente para el uso consciente de información sobre cómo funcionan las cosas. Las creencias sobre la forma en que funcionan las cosas y las funciones de hacer las cosas. Aquí es donde el sentido del olfato juega un papel en nuestra capacidad para ganar y administrar el dinero. Las personas con buen sentido del olfato son buenas para ganar dinero. El subconsciente procesa los bits de información olfativa generalizando la información por diferencia. Entonces notamos diferentes olores rápidamente a nivel consciente. Las casas tendrán un olor natural y, naturalmente, somos propensos a notar el olor de la casa de otras personas, pero no el nuestro, incluso cuando hemos estado fuera de nuestra propia casa durante algún tiempo.

El tiempo y/o el yo es un sentido con el que he estado trabajando durante varios años. Tenemos un sentido de nosotros mismos o un sentido del tiempo incluso cuando ningún otro sentido humano conocido está activo. La gente tendrá o un sentido del yo o un sentido del tiempo. Cuando tenemos un sentido del yo, somos conscientes de nuestros pensamientos y sentimientos y conocemos claramente nuestras acciones y tenemos buenos sentimientos acerca de nosotros mismos. Sin embargo, cuando tenemos un buen sentido del yo, tenemos poco o ningún sentido del tiempo. Hasta el punto de que muchas personas que conozco cuando están experimentando un fuerte sentido del yo, y les preguntas qué hora es, su respuesta general es que ni siquiera saben lo que has dicho. Algo como "¿Hora? Oh, la hora. No lo sé", y viceversa. Podemos tener un buen sentido del tiempo y no tener ninguna otra experiencia sensorial en un nivel consciente y ni siquiera tener idea de quién o qué y mucho menos cómo ni a veces dónde estamos, o un microsegundo en el tiempo cuando se nos pregunta cómo estamos. Pero podemos decirte en un momento qué hora es sin ni siquiera pensar en ello.

Hay otros aspectos de las funciones con respecto a nuestro procesamiento sensorial humano diferente en el subconsciente que tienen un efecto tremendo en nuestras funciones conscientes y en la conciencia. El punto principal aquí es que el subconsciente está procesando no solo las funciones corporales, sino también las experiencias conscientes para nosotros incluso antes de que sepamos que lo ha hecho. Las diferentes funciones del subconsciente con respecto a la forma en que procesa las diferentes experiencias sensoriales tienen un efecto tremendo en nuestras experiencias conscientes de las cosas. Aun así, el consciente puede anular al subconsciente con respecto a estas experiencias sensoriales. Mayormente ha sido que ni siquiera somos conscientes del procesamiento subconsciente de esta y otras informaciones. Aun así, el consciente tiene una enorme capacidad de anular las respuestas subconscientes, ya sean programadas o innatas. Esta capacidad consciente de anular el subconsciente a menudo se ha denominado fuerza de voluntad, fuerza interior y determinación. Esos pequeños pensamientos que simplemente te vienen a la cabeza, o esos sentimientos que te golpean a veces, estos y la mayoría de los demás aspectos de nosotros mismos son solo programas en nuestro subconsciente. Programas con los que no necesariamente hemos nacido. Programas que creamos en nuestra propia mente consciente, con nuestro propio pensamiento consciente. A menudo, estos pensamientos conscientes son oraciones simples de unas pocas palabras. Oraciones como, "Bueno, eso fue una tontería", "Seguro que no quiero volver a sentir eso". "Si ignoro esto el tiempo suficiente, simplemente no importará, o desaparecerá". Pensamientos que están sucediendo en nuestras propias mentes conscientes de forma regular y, a veces, más que de forma regular. Pensamientos que a nosotros nos parecen bastante sencillos. Sin embargo, pensamientos que para el subconsciente son órdenes. Órdenes dadas sobre las formas de lidiar con las diferentes experiencias sensoriales de la vida, como "Bueno, no se lo digas a nadie", "No puedo creer en eso", "Eso duele", "Nadie actúa de esa manera", "Maldita sea, odio cuando eso pasa". Estos, a pesar de simples pensamientos conscientes y oraciones que nosotros o los demás podemos decir, todas estas palabras juntas en oraciones se toman en el subconsciente como órdenes, comandos, instrucciones para la forma en que nosotros, como seres conscientes, elegimos que el subconsciente maneje la información por nosotros. Estos pensamientos y otras respuestas verbales y, a menudo, no verbales, se utilizan en el subconsciente para juntarlos para un uso consciente futuro. De esta manera no tenemos que preguntarnos una y otra vez o evaluar una y otra vez o juzgar una y otra vez si las diferentes experiencias sensoriales son divertidas, buenas, agradables, malas, lamentables para nosotros, simplemente podemos continuar con nuestras vidas y el subconsciente nos dará la información cada vez que la entrada sensorial, y tenemos el pensamiento una y otra y otra vez.

Ser consciente de las funciones subconscientes no es una función consciente. El consciente no tiene que ser consciente de los latidos del corazón, la respiración ni ninguna otra función corporal. El consciente tampoco realiza un seguimiento o es siquiera es consciente de las funciones y procesos subconscientes de las funciones conscientes de las que somos conscientes.

C A P Í T U L O 11

IDENTIDAD Y FÍSICA CUÁNTICA

El "ojo" real es el "yo", en la Identidad. La Dendra se crea para cada "Identidad" que tienes. La creación de la emoción es lo más importante de entender. Siendo la Identidad la semejanza de carácter esencial o genérico en diferentes instancias, semejanza en todo lo que constituye la realidad objetiva de una cosa. Considerada como características distintivas de un individuo. La individualidad se considera la relación que establece la identificación psicológica con uno mismo. Esta "relación" en Identidad es personal e individualista, cada ser humano tiene una "relación" diferente establecida por la identificación psicológica de sí mismo. Esta "Identidad" termina por establecer la forma en que nos percibimos a nosotros mismos y muchas veces limita nuestra capacidad de crecer, desarrollarnos y ser más.

El "ojo", que es una estructura sensorial sensible a la luz, es el órgano de la vista que forma la imagen, lleno de una sustancia gelatinosa y revestido con una retina fotosensible. El ojo es la facultad de ver, de la percepción o apreciación intelectual o estética.

Todo lo que el ojo puede "ver" es lo que ya es una parte de tu Identidad. No puedes ver algo si no tienes la Dendra para verlo. No puedes "ver" algo si no tienes una "relación" contigo mismo para "Identificar" dentro o sobre ti.

La Emoción se crea a partir de la parte Límbica de nuestro cerebro a partir de una combinación de sustancias químicas, el resultado del aspecto afectivo de la conciencia, el Sentimiento. El sentimiento es una reacción mental consciente como la ira o el miedo subjetivamente experimentados fuertemente y generalmente dirigidos hacia un objeto específico, típicamente acompañado de cambios psicológicos y de comportamiento en el cuerpo. Las emociones son estados mentales que involucran cosas como el placer y el disgusto más que contenido intelectual. Esta "combinación química" se convierte en nuestra "Identidad", nuestra "Individualidad", nuestro "Intelecto", "Percepción" y "Apreciación".

La dendrita son los procesos protoplásmicos ramificados que conducen impulsos hacia el cuerpo de una neurona, la Dendra es la combinación química.

El Sistema Límbico es un grupo de estructuras subcorticales del cerebro que se encargan de la emoción y la motivación. (Hipotálamo, Hipocampo y Amígdala). Es parte del sistema nervioso central.

Siempre que un pensamiento tiene una sustancia química combinada con él, siendo la sustancia química la emoción con el pensamiento, la onda de pensamiento es una frecuencia más fuerte y de hecho imprime en las células la frecuencia de la onda de pensamiento. Este proceso hace que el pensamiento sea más poderoso. El pensamiento por sí solo es una onda de frecuencia mayor que las ondas de radio, de los celulares o los satélites. Y el hecho de que la sustancia química agregada al pensamiento lo haga más poderoso e incluso deje una huella en la célula nos da una idea del poder de nuestras emociones. Qué seres tan poderosos somos.

La codependencia es una condición psicológica o una relación en la que una persona es controlada o manipulada por otra que está apegada a una condición patológica (como una adicción al alcohol o la heroína). En definitiva, dependencia de las necesidades o control de otro. La codependencia está llena de culpa. La culpa está llena de sentimientos de culpa, culpabilidad, y el sentimiento de responsabilidad por algo malo.

La codependencia es el resultado de haber bloqueado los sentidos en cualquiera de nuestros últimos tres sentidos activados en nuestro orden de activación. Nuestros primeros tres sentidos activados es lo que presentamos y vemos del mundo, los últimos tres sentidos activados es lo que presentamos y vemos de nosotros mismos.

Son los primeros tres sentidos activados, la Visión del mundo, los que desencadenan cualquier patrón de modelo de programa disfuncional en los últimos tres sentidos activados, la Visión de sí mismo. Cuando tenemos bloqueos sensoriales, somos vulnerables al mundo ajeno y/o a programas de Visión de sí mismo.

Generalmente, el bloqueo que causa una condición codependiente está en la Visión de sí mismo y el orden de activación de un orden opuesto será el patrón al que se diseñará un individuo con esta condición. El hecho de que sus primeros tres sentidos activados en la visión del mundo del otro individuo saludará al individuo con la Visión de sí mismo bloqueada con su propio orden de activación de la Visión de sí mismo. Esto, naturalmente, hace que el individuo con la Visión de sí mismo bloqueada se sienta naturalmente nutrido, comprendido y respetado por el orden de activación opuesto.

Funciones sensoriales:

- Gusto, junta las cosas, funciones, seguridad y garantías.

- Olfato, planificación, recursos.

Una vez completado el ciclo, el proceso vuelve al primer sentido desde el último sentido activado, hasta completar la activación.

El Accionista piensa que necesita más, más y más conocimientos. Cuando en realidad, el Accionista tiene su propia sabiduría y no necesita libros. Los primeros tres sentidos tratan con la nutrición y el entorno, otros, con el mundo exterior, objetivo. Los siguientes tres sentidos tratan con la nutrición, los procesos, internamente, uno mismo, subjetivo.

El orden de activación de cada activación sensorial comienza con el primer sentido de referencia, el consciente percibe, evalúa, juzga y decide sobre él. El segundo sentido activado en el orden de activación es el sentido de decisión, el consciente percibe, evalúa, juzga y decide con respecto al sentido y una decisión perteneciente a la Visión del mundo, al entorno y objetivamente (al igual que con las Visiones del mundo activadas por el primer y tercer sentido). El tercer sentido activado es el sentido motivador y el consciente percibe, evalúa, juzga y decide sobre estos datos sensoriales.

El orden de activación sensorial cruza al lado opuesto del cuerpo y los últimos tres sentidos se activan en su orden específico. Los últimos tres sentidos activados pertenecen a una Visión de sí mismo, es subjetivo. El cuarto sentido activado es el sentido de referencia con respecto al yo y el consciente percibe, evalúa, juzga y decide este como referencia. El quinto sentido disparado es el sentido de decisión con respecto al yo y el consciente percibe, evalúa, juzga y decide la decisión del yo, en base a estos datos sensoriales. El sexto sentido activado es el sentido motivador con respecto al yo y el consciente percibe, evalúa, juzga y decide sobre la motivación del yo, en base a estos datos sensoriales recibidos.

Principio de la realidad para la persona con seis sentidos; Los recursos están implícitos y no se habla de ellos en el Principio de la Realidad. El cuerpo le enseña a la mente sobre los recursos. A veces, de deben abordar primero otras cosas en el Principio de la Realidad. Entonces, ¿qué es lo que preferirían? Ya que su realidad no cambia solo por algo que hacen. Si el Principio de la Realidad no funciona, primero deben hacer algo antes de que la realidad pueda ocurrir. El no saber la diferencia entre presente, pasado, futuro o una experiencia vívida imaginada. La ley de correspondencia y unidad hace que la realidad funcione.

Nutrir al yo cuando los demás no están dispuestos a elegir ir contigo, eligen quedarse.

Cuando no se pueden hacer Puentes entre los Quantum, tenemos Resistencia en nuestras vidas. Un acto o instancia de oposición. Una habilidad, por naturaleza, de ir en contra de algo.

Cuando se pueden hacer Puentes entre los Quantum Asociados, no tenemos Resistencia en nuestras vidas.

Hacer Puentes entre los Quantum te llevará a un punto de Transformación. Cuando haces un Puente entre los Quantum, lo haces del lado izquierdo al derecho. Comenzando desde la parte superior del Mapa hasta la parte inferior del Mapa. Combinando lo Incorrecto con lo Correcto, el Yo con Dios y la Muerte con la Vida.

Tres aspectos del ser humano que se corresponden son:

TOTALIDAD; HUMANO

1. Identidad, Personalidad y Mente

2. Funciones de Comunicación y Procesamiento de la Información

3. Creación, cuerpo

Cada nivel superior de funciones humanas tiene la capacidad de pensar para cada una de las funciones humanas. Los sentidos humanos están incluidos en este proceso de pensamiento. Gran parte de este pensamiento lo hace automáticamente el subconsciente en la BTD a través de lo que se conoce como Metaprogramas.

El Principio o Ley de Unidad; Una totalidad de partes relacionadas, una entidad que es un todo complejo o sistemático. Aspectos Unificadores de los Sistemas Naturalmente Integrados. Una cualidad o estado de ser Uno, no múltiples. La Identidad propia. Este aspecto de Unidad es la Continuidad, sin desviaciones o cambios como en el Propósito de las Acciones. Cualquier desviación o cambio debe volverse al Propósito y multiplicarse por el Propósito.

La Unión de partes Diferentes; Estructuras y Procesos que se desvían entre sí en el mismo Sistema. La Acción para Desviar la Estructura o el Proceso puede ser tomada por un Evento, Condición o Proceso y multiplicarse en Propósito y/o Totalidad.

Evento; Entidad Fundamental de la realidad física observada representada por un punto designado por 3 coordenadas de Lugar y 1 de Tiempo en el Continuo Espacio-Tiempo postulado por la Teoría de la Relatividad. Los eventos son Resultados, algo que sucede, la

entidad fundamental observable con una realidad física, los eventos se realizan para lograr un fin.

Condición; Un estado del ser, que a veces implica adaptarse o modificar para adaptarse a una respuesta previamente asociada, de modo que el estímulo se asocie con otro. La condición involucra circunstancias y situaciones para funcionar.

Proceso; El Proceso involucra algo que está sucediendo y es una clave en el progreso. Puede ser un fenómeno natural marcado por cambios graduales que conducen a un resultado particular. El proceso consiste en establecer un conjunto habitual de procedimientos rutinarios hacia un final. Esto incluye integrar la información sensorial recibida para que se genere una acción o respuesta.

Principio de Integridad; es una fuerza unificadora en cada uno de nosotros que nos mantiene unidos, La Unificación Interna, viene del Macro-Sistema para vivir y crecer. Un deseo natural de plenitud, unificación, bienestar, que proviene de cada aspecto vivo e inteligente de nuestro ser para estar completo y saludable y ser parte de nosotros. Por eso lo que resistimos, persiste. Una fuerza unificadora que promueve la integración de todos los aspectos de nuestro ser. Esta fuerza unificadora es de la naturaleza, basada en nuestra elección fundamental de vivir. Quiere que vivamos y quiere vivir como cada célula individual y, por lo tanto, la naturaleza misma promueve la integración de todas nuestras partes.

La Sinergia es el todo mayor que las partes individuales, se aplica a todo. Las interacciones de dos o más agentes para un todo. Cualquiera que sea el todo, hay tres aspectos que son individuales del todo. Los Sistemas que trabajan juntos son Sinérgicos. Los sistemas son entidades o patrones que interactúan entre sí durante un proceso. La relación entre las partes es el fundamento de sus procesos.

El campo consciente está formado por una fuerza unificadora que es inteligente y consciente. El nivel de desarrollo personal de un individuo puede medirse por su capacidad para percibir el campo en sí mismo y en los demás y la sinergia del todo basada en la correspondencia y la unidad de las partes individuales.

Cuando el entorno se desploma, el centro colapsa, dejándonos sin equilibrio o inocencia. En ningún sentido, no lo reconocemos, ni podemos captarlo en ningún sentido.

EJEMPLOS; hay más que puedes identificar.

TOTALIDAD; NATURALEZA: Estructuras, Patrones, Procesos.

NATURALEZA: El carácter inherente o constitución básica de una persona o cosa. Un creativo y controlador en el universo. Una fuerza interior y la suma de tales fuerzas en un individuo. Una especie y clase que se distingue por características fundamentales y esenciales. El origen de la condición natural.

1. **ESTRUCTURA;** La acción de construir. Dispuestos en un patrón definido de organización. La disposición de partículas y partes en una sustancia o cuerpo. Organización de las partes dominada por la constitución general y el carácter del todo. El agregado de elementos de una entidad en su relación entre sí. "De", se refiere a o es un método en el que cada paso de la solución al problema está contenido en un subprograma separado.

2. **PATRÓN;** Una forma o patrón propuesto para imitar. Una configuración natural o casual. Una muestra confiable de tendencias actos, rasgos y otras características observables. Un sistema coherente discernible basado en la interrelación prevista de los componentes. Solicitud o incidencias generalizadas.

3. **PROCESOS;** Progresar, avanzar, continuar y proceder. Fenómeno natural marcado por cambios graduales que conducen a un resultado particular. Una actividad o función natural o biológica continua. La parte prominente o saliente de la estructura. Estar sujeto a un proceso especial. Someter o manejar a través de un conjunto de procedimientos rutinarios establecidos.

TOTALIDAD; PROCESAMIENTO DEL LENGUAJE: Simbólico, Enérgico y Cuerpo Entero.

1. **SIMBÓLICO;** Consiste o procede mediante símbolos, relativo o constitutivo de símbolos.

2. **ENÉRGICO;** La Energía y sus transformaciones, la relación energética total y las transformaciones de un sistema físico, químico o biológico. Impactar la energía para ACTUAR.

3. **CUERPO ENTERO;** Tener todas sus partes o componentes propios, ser físico completo.

INTEGRIDAD HUMANA:

1. Mente

2. Emociones

3. Cuerpo

SISTEMA HUMANO:

1. Identidad, Personalidad

2. Comunicación, Procesamiento de la Información (Función)

3. Creación

Los números 1, 2 y 3 son Elementos y las Letras son sus Funciones asociadas;

1. Filtro de la Mente, Mental y Percepción

A) Identidad y personalidad
B) Datos, símbolos, letras, números, notas musicales, imágenes

C) Modelos, una colección de recuerdos en Símbolos que forman representaciones internas de los recuerdos

D) Estructura organizada en un patrón definido u organización formada de partículas o partes.

E) Formar y Explorar símbolos de posibilidades hasta que se descubren o inventan patrones de éxito, la naturaleza esencial de una cosa a diferencia de su materia. (Matriz)

F) Real Genuino, siendo lo que implica el nombre (precisamente) ocurriendo o existiendo en la actualidad. Existiendo como una entidad física y teniendo propiedades, que los bienes inmuebles tienen existencia objetiva independiente. Pertenecer o tener Elementos o Componentes que pertenecen al conjunto real

G) Tiempo, El período medible durante el cual una acción, proceso o condición existe o continúa. Un continuo no espacial que se mide en términos de eventos que se suceden entre desde el Pasado hasta el Presente y el Futuro. Uno de una serie de acciones recurrentes o repetidas, cualidades o instancias agregadas o acumuladas.

H) Simbólico, Consiste o procede mediante símbolos. Relativo o constitutivo de símbolos.

2. Emociones

A) Comunicación y Procesamiento y Almacenamiento de Información.

B) Filtro de Nuevas Teorías y Experiencia;

b) Dialogar los datos en patrones significativos como matemáticas, física, información a través de Funciones de Procesamiento, aplicar la Información en experiencias y crear Nuevas Teorías a partir de la Información y la experiencia en Patrones significativos.

C) Paradigma. Un marco filosófico o teórico de una ciencia o disciplina dentro del cual se realizan teorías, leyes y experimentos en apoyo de las leyes.

D) Procesos. Un fenómeno natural marcado por cambios graduales que conducen a un resultado en particular.

E) Norma. Repetir experiencias y crear nueva información y nuevas teorías una y otra vez.

F) Experiencia Vicaria o realizada a través de la imaginación o participación comprensiva en la experiencia de otro.

G) Espacio. Una extensión limitada en 1, 2 o 3 dimensiones, extensión tridimensional ilimitada en la que los objetos y eventos ocurren y tienen partes y direcciones relativas, (puede ser independiente de lo que ocupe u ocurra en él).

H) Enérgico. La Energía y su Transformación, la relación y transformaciones energéticas totales de un sistema físico, químico o biológico. Impactar la energía para ACTUAR.

3. Cuerpo, Filtros de Comprensión y Discernimiento

A) Transmisión de Modelos, recuerdos, a través del lenguaje y los comportamientos.

B) Aplicación de conocimientos y uso productivo de la información y las experiencias construidas a partir de la experiencia y las Nuevas Teorías, obteniendo nuevos conocimientos y discernimientos de uno mismo y de los demás.

C) Visión del mundo. Una concepción o apreciación integral del mundo desde un punto de vista específico. (Walton Chaung).

D) Patrones. Configuración natural o casual, un sistema coherente discernible basado en el funcionamiento interrelacionado previsto de los componentes.

E) Cumplir. El éxito alcanzado, el crecimiento ahora logrado por Diferencias Integradoras y modificaciones a los Patrones originales, lograr el cumplimiento de las posibles expresiones.

F) Genética. Relativo a la causa por el origen del ADN y el ARN que determinan secuencias específicas de aminoácidos y parecen uniformes para casi todas las formas de vida conocidas.

G) Materia. La sustancia de la que se compone un objeto físico. Sustancia material que ocupa el espacio, tiene masa y está compuesta predominantemente por átomos, constituida por protones, neutrones y electrones, que constituye el universo observable y no es desviable- con energía.

PROGRAMAS ENTEROS (TOTALIDADES) EN EL CEREBRO HUMANO

Cualquier Totalidad consta de 3 Elementos separados. Cada Elemento debe corresponder entre sí para que la Totalidad sea un sistema completo. Como seres humanos, somos una multitud de sistemas separados capaces de ser un todo.

Aquí hay algunas Totalidades con sus 3 Elementos cada una:

Totalidad MEMORIA:

1) **REAL;** Relativo a las preocupaciones y actividades cotidianas. Serio, genuino.

2) **VICARIO;** Incluso eso ha sido eliminado. Respuesta imaginativa o subjetiva en las experiencias de los demás. Ocurrido, inesperado o anormal. La experiencia de otra persona.

3) **GENÉTICA; Relativo y determinado por el origen. Presente en el nacimiento o en el desarrollo en la niñez sin necesidad de ninguna instrucción. Ancestral, heredado, instintivo o natural.**

Totalidad SABIDURÍA; El uso perspicaz del conocimiento. Cuál, conjunto de conocimientos, es mejor utilizar dónde, cuándo. Ser sabio significa que tienes un conocimiento elevado de todo el Sistema.

SABIDURÍA:

1. **DATOS;** Símbolos en sí mismos, letras, números, símbolos sensoriales como sonidos, texturas, temperatura, dulce, amargo.

2. **INFORMACIÓN;** Disposición de los datos en patrones significativos (como matemáticas, física).

3. **CONOCIMIENTO;** La aplicación y uso productivo de la información. El conocimiento se basa en los modelos que formamos a partir de la experiencia y las teorías.

Totalidad PROCESAMIENTO DE DATOS; Es la conversión de Datos sin procesar a un formato legible con patrones y su procesamiento posterior, como el almacenamiento, la reorganización o la programación mediante sistemas similares a los de una computadora.

PROCESAMIENTO DE DATOS:

1. **RECEPCIÓN;** Admisión que incluye el acto o acción o una instancia de recepción de Datos con el fin de reenviarlos o transmitirlos.

2. **ALMACENAMIENTO;** El almacenamiento es un espacio o un lugar donde se colocan los datos para que se conviertan en información. Un almacén generalmente clasificado en categorías para este proceso.

3. **TRANSMISIÓN;** Enviar o transmitir de una persona a otra a través de varios medios, incluso el espacio a través de comportamientos y una variedad de señales.

Totalidad META-PROGRAMA; Indica una forma más altamente organizada o especializada hasta el punto de incluso cambiar o transformar los Datos y la Información. Una trascendencia integral que involucra programas complejos, complicados y organizados para lograr el propósito del programa.

METAPROGRAMA:

1. **PROCESAMIENTO DE DATOS;** Conversión de datos sin procesar en un formato legible y el procesamiento que se necesita para almacenar, actualizar, reorganizar los datos y aplicarlos cuando y donde sea necesario.

2. **INFORMACIÓN DE PATRONES Y ALMACENAMIENTO;** La recopilación, clasificación, almacenamiento, recuperación de

información registrada tratada tanto como información pura como aplicada.

3. **COMPRESIÓN PARA HACER MODELOS;** Reducir en tamaño, cantidad o volumen, a menudo se usa en computadoras, para programas y archivos. Resumir los Datos y la Información a lo esencial y hacer un diseño estructurado y un patrón de ellos.

Totalidad ÉXITO:

1. **FORMA;** Explora las posibilidades hasta que se descubran o inventen patrones de éxito.

2. **NORMA;** Los patrones de éxito se repiten una y otra vez.

3. **CUMPLIR;** El éxito comienza a aplanarse un poco incluso ascendiendo, el crecimiento ahora se logra integrando diferencias y modificaciones en el patrón original, en este momento el sistema alcanza su punto máximo y luego comienza a declinar, habiendo alcanzado sus máximas posibilidades de expresión.

Totalidad EDUCAR; Cualidades únicas, talentos de cada uno:

1. Un sentido de comunidad entre el individuo y su entorno, el hilo común que tienen entre sí y un vínculo con el mundo natural.

2. Una pertenencia y armonización de la individualidad única con un sentido de comunidad.

3. Sacar.

Totalidad VISIÓN DEL MUNDO; La percepción de un individuo o grupo de los aspectos de su entorno, ya que este punto de vista pertenece a sus propias creencias. Como verse a sí mismos en o compararse con la retroalimentación de su entorno.

VISIÓN DEL MUNDO:

1. **INDIVIDUAL;** De o relacionado o asociado distintivamente con un individuo, destinado a una persona, que existe como una entidad distinta. Con características distintas, distinguiéndolos de una clase o colección de otras.

2. **FAMILIAR;** Compartir ascendencia y parentesco en algún aspecto común con una afiliación y parentesco entre sí.

3. **SOCIAL;** Compañerismo o asociación con los propios compañeros, una asociación voluntaria de individuos para un fin común. Un grupo organizado que trabaja en conjunto o se reúne periódicamente debido a intereses, creencias o profesiones en común.

Totalidad VISIÓN DE SÍ MISMO:

1. **MÍ; Yo abstracto.**

2. **YO MISMO; Yo reflexivo, el yo temporal del individuo, anticipando un yo antiguo o un yo principal.**

3. **YO; "Uno mismo" el conjunto de todos los aspectos que constituyen la individualidad de la persona.**

Totalidad REALIDAD; La cualidad o estado de ser real, la totalidad de cosas y eventos reales.

REALIDAD:

1. **ESPACIO;** Un período de tiempo, también es una duración limitada en 1, 2, o 3 dimensiones. Una extensión tridimensional ilimitada en la que los objetos y eventos ocurren y tienen una posición y dirección relativas, más allá de la atmósfera terrestre y el sistema solar.

2. **TIEMPO;** Un período medible durante el cual un proceso, condición o acción existe o continúa. Continuo no espacial que se mide en términos de eventos que se superan entre sí desde el pasado hasta el presente y el futuro.

3. **MATERIA;** Sustancia de la que se compone un objeto físico. Sustancia material que ocupa el espacio, tiene masa y está compuesta predominantemente por átomos formados por protones, neutrones y electrones, que constituye el universo observable y que es interconvertible con energía. Sustancia material de un tipo particular o para un propósito particular.

Totalidad TIEMPO; Períodos medidos o medibles durante los cuales una acción, proceso o condición existe o continúa. La Duración del cual es un continuo no espacial que se mide en términos de eventos que se suceden desde el Pasado al Presente y al Futuro.

TIEMPO:

1. **PASADO;** Períodos transcurridos durante eventos transcurridos. Las referencias al pasado pueden simplemente desaparecer, existir o tener lugar en un período anterior al presente. Está asociado con el sentido del sonido y de la vista y, por lo tanto, hace que nuestros Valores, Significados, Ideas y Conceptos parezcan conscientemente referenciados en el pasado.

2. **PRESENTE;** El Ahora y se identifica como una división del Pasado y Futuro.

3. **FUTURO;** El tiempo que está por venir, las mediciones de los eventos que aún están por ocurrir, que existen o que ocurren en un momento posterior.

Totalidad COMUNICAR CONTINUO; Es el proceso mediante el cual se intercambia información entre individuos a través de un sistema común, como un todo y caracterizado como una colección, secuencia o progresión de valores o elementos que varían en grados ínfimos.

COMUNICAR CONTINUO:

1. **TRANSMITIR;** Transmitir es simplemente enviar o transmitir de una a otra persona, lugar o cosa. Provocando que se pase algo a través de cualquier medio disponible.

2. **RECIBIR;** Recibir es aceptar y adquirir, ser un receptáculo. Para asimilar a través de la mente o los sentidos.

3. **MENSAJE;** Cualquier comunicación en general de un tema o idea subyacente y considerada como el propósito de la comunicación.

CAPÍTULO 12

REALIDAD Y FÍSICA CUÁNTICA

OTRAS PALABRAS INDICAN LOS DIFERENTES SENTIDOS

Sonido; Ruidoso, grito, significado.

Vista; Brillo, claro, ver, colores, formas, ideas, razones.

Tacto; Sustantivos, Pronombres, Texturas, temperaturas.

Energía; Acciones, verbos.

Gusto; Dulce, amargo, ácido, miel, generalizaciones.

Olfato; Palabras de olor, generalizaciones.

Tiempo; Yo soy, yo soy declaraciones.

Estos Bloqueos pueden ser identificados, de hecho, muchas veces nuestro propio movimiento corporal y/o las palabras que usamos para expresarnos indican el Sentido en el que se encuentra el Bloqueo. LA REGLA DE LOS 2 SEGUNDOS TAMBIÉN SE APLICA.

PREGUNTA SENSORIAL PRIMARIA PARA IDENTIFICAR UN SENTIDO BLOQUEADO

1. Sonido ¿Qué?

2. Vista ¿Por qué?

3. Tacto ¿Quién?

4. Energía ¿Cuál?

5. Gusto ¿Cómo?

6. Olfato ¿Dónde?

PALABRAS REPRESENTATIVAS SENSORIALES

PALABRAS DEL TACTO Y PALABRAS DE LA ENERGÍA:

suave	peludo	filoso	sentir	poder	fuerza	vigor	intuición
manejable	dedo	contacto	palmada	intuición	sentimiento energías acción		
palmada	golpe	reunión	unión	trabajo	fuerza capaz estado		
vincular con afecto	mover	molesto	dispuesto	impresión	percepción		
imprimir huella	pizca	lanzar	debatible capacidad revelar vapor				
pista	poco	presión	sufrir	potencia	intuitivo supuesto inspirado		

ensayo	enlace	animación				
disposición		incómodo				
		<u>absoluto</u>				
		<u>cero</u>				
compasión	conexión	emocional	discreto			
	granular	experiencia				
simpatía	valiente	ligeramente	vivacidad	sentido	ira	
posición						
correlación	opinión	naturaleza	discreto	cerrado	rastro	sentido
interdependencia	calidad	mover	contenido	alegría		
			ambiente			
interrelación	manejar	conexión	aura	aire	acto	hecho
humor para	atmósfera	<u>algo</u>				
		<u>percibido</u>				
		hacer tono				
<u>fino como el papel</u>	frontera	tono	conexión	hacer		
			esencia			
informal	fibra	comportamiento				
explotar tela		conducta				
		proceso				
		jugar				
cambios incitan	aire	aireado	emoción	movimiento	trama	
aura ambiental	esencia	marca	combate	involucrar		
				susceptible		
ser templado	textura	enfermo	operando			
causar molestia moderada	leve					
<u>pequeña cantidad</u>	epidermis	rastro				
templado fino	duro	sedoso				
conservador	tibio	carnoso				
examinar discretamente filoso						
cruel	nervio	frágil	tierno			

PALABRAS DEL GUSTO Y DEL OLFATO:

sabor	fuerte	saborear	sentir	apestar	hedor	pestilencia	fuerte
experiencia	someterse	prueba	olor	aroma	esencia	oler	

buen gusto	gustar	agrio	perfume buque nariz	náuseas			
dulce	sorbo	agrio	amargo	huele a...	perfumado salobre		
buen gusto	tragar	dientes	terroso	fragrante embriagador			
especiado	agrio	huele a	deleite	salado	apestar hedor	húmedo	
fibra	aceitoso	mantecoso	crudo	agrio	empalagoso	sabor a caza	mohoso
agridulce	copioso	sed	estancado mohoso	plan de acción			
azucarado	crujiente	maduro					
olor a éxito	olor a rata						
insípido	desabrido	verde	olor a pescado	oloroso filoso	engaño olorcillo		
pimienta vinagre	alcalino	leve	proyecto diseño	esquema severo			
jengibre pasado	dañado	viscoso	maniobra	arquitectónico			
delicioso	nuez	frío	esquema	intención	propósito esfuerzo		
ácido cremoso	quemado	sed	corrupción	método conducta			
jugoso	maduro	ácido	sabroso	plano escándalo diseñado vómito			
pegajoso	fuerte	desabrido	salado	operaciones	formular mojado		

PALABRAS DE LA VISTA Y EL SONIDO:

dejar	ver	ideas	saber	bien	saber	implicación todo
impresión	retratar	aspecto	señal	discernir calidad	virtud	
experiencia	testigo	caso	campanas			
dicho	anillo	escuchar				

imaginar discusión sanidad	aspecto	atentamente	acatar	punto		
delinear divino	prever	miedo	prudente meta	satisfactorio útil		
imagen	racional	pensamiento	imagen	determinado	impresión grito	
justificación	apariencia	chillido rasposo	ronco	<u>salpicar</u>		
anticipar	ver	vista	decir	choque	tintineo	ronronear
percepción	visualizar	visto	explosión	equilibrado mensaje	canción	
imagen	escena	perspectiva	vista	<u>arañar una pizarra</u>	estridente	
<u>ver adelante</u>	prospecto	vívido	<u>suena como...</u>	bum	masticar	
<u>creer posible</u>	imaginar	sufrir	silbar oído	oír	escuchar	
perspectiva	desamparado	ronquera	rasposo	mensaje	chasquido	
describir brillar	concebir fuera de	estrellar romper crujir	tronar			
titilar orden	manchar	pensar	plof	persuasivo	intención	
pálido	desteñido	silueta	soso	encontrado sabia derecha		
angular audaz	arrugado	voluminoso	estruendoso	latido	risa	
colorido brillante	torcido	grande	perturbación	determinado tintineo		
moreno abarrotado limpio	lindo	<u>moral razonable</u>				
voluminoso	cristalino	oscuro				
circular ramificado nublado	oscuro					
colosal colorido	brillante	bloque				
sonrojarse ondas	destello	concernir				

reluciente   obtuso   torcido
neblinoso

El subconsciente toma todo literalmente, no en sentido figurado, ni el subconsciente lo interpreta como consciente. Todo lo que se dice, se piensa, se recibe es tomado como un hecho y de manera literal por el subconsciente. Las palabras que se dicen, se piensan, se convierten repetidamente en programas que el subconsciente ejecuta automáticamente para el consciente. Y nos preguntamos por qué somos como somos, luchando con las cosas en la forma en que lo hacemos.

La Teoría de la Transformación Humana Holográfica tiene estructuras, patrones y procesos muy específicos. Además del enfoque en los sentidos humanos y sus funciones primarias, está el orden de activación sensorial. Además de los órdenes de activación, está la función general de cada sentido activado en el orden de activación. Todo esto comienza de una manera muy simple y desde aquí solo entra en más detalles, como que el sentido cruzado es siempre el tercer sentido activado. Cuando la orden de activación no pasa al otro lado del cuerpo para activar el cuarto sentido, se debe detener o dejar algo relacionado con una función o un elemento en el tercer sentido activado para que el orden de activación cruce al cuarto sentido.

Diferentes leyes y principios rigen toda la naturaleza de la Teoría de la Transformación Humana Holográfica y estas leyes y principios son consistentes en todas las aplicaciones de esta información.

Todo en nuestra vida humana se puede colocar en el Mapa de la Teoría de la Transformación Humana Holográfica. Y al conocer las funciones sensoriales, las órdenes de activación y otra información primaria sobre los patrones del orden de activación, puedes adquirir un gran conocimiento de muchas áreas y aspectos importantes de tu vida.

Tu capacidad para lograr tus objetivos y superar tus debilidades y desafíos ya está dentro de ti y, literalmente, puedes encontrar tus fortalezas y debilidades en los diferentes sentidos y sus funciones. Puedes identificar los bloqueos sensoriales que a su vez indican e identifican el marco de tiempo específico en el que se encuentran estos bloqueos y la función sensorial y otros elementos asociados con el sentido. Esto te da un gran detalle sobre tus modelos de programa y te brinda la oportunidad de ayudarte a ti mismo a lo largo de tu vida.

La vida es solo una ilusión, tu identidad, personalidad, tus creencias son parte de esta ilusión creada para ti por tu entorno antes de que cumplieras ocho años.

Lo que creó estas ilusiones programadas fue un proceso de repetición y composición, y el proceso de repetición y composición creará los nuevos programas de tu elección.

Hay muchos enfoques diferentes que puedes tomar para aplicar parte de esta valiosa información. Simplemente observa tu propio orden de activación, recuerda que los primeros tres sentidos activados son tu Visión del mundo, tu percepción (ilusión) de tu mundo. Los últimos tres sentidos que activados son tu Visión de ti mismo, tu percepción (ilusión) de ti mismo. Simplemente observa los últimos tres sentidos activados en tu orden de activación y sus funciones, su pregunta principal y conscientemente solo observa la situación de vida que estás considerando en este momento en función de estas tres últimas funciones sensoriales y haz las preguntas principales sobre la situación de vida ya que pertenecen a los últimos tres sentidos activados. Observa cualquier diferencia de la que ahora seas consciente a medida que continúas percibiendo por un momento la situación actual o de vida que estás considerando desde esta perspectiva.

Aplica este simple ejercicio con respecto a tus primeros tres sentidos activados y mírate a ti mismo con respecto a esta situación de vida a través de estos primeros tres sentidos. Nota las primeras tres funciones sensoriales y las preguntas primarias mientras consideras percibirte a ti mismo en la situación de vida a través de estos primeros tres sentidos activados en tu orden de activación.

Cada uno de los diferentes órdenes de activación sensorial tiene una orden de interrogación sensorial; simplemente puedes pasar por esta orden de interrogación en función del orden de activación de tu personalidad de manera repetitiva con respecto a los problemas o desafíos de la vida, así como a las metas de la vida.

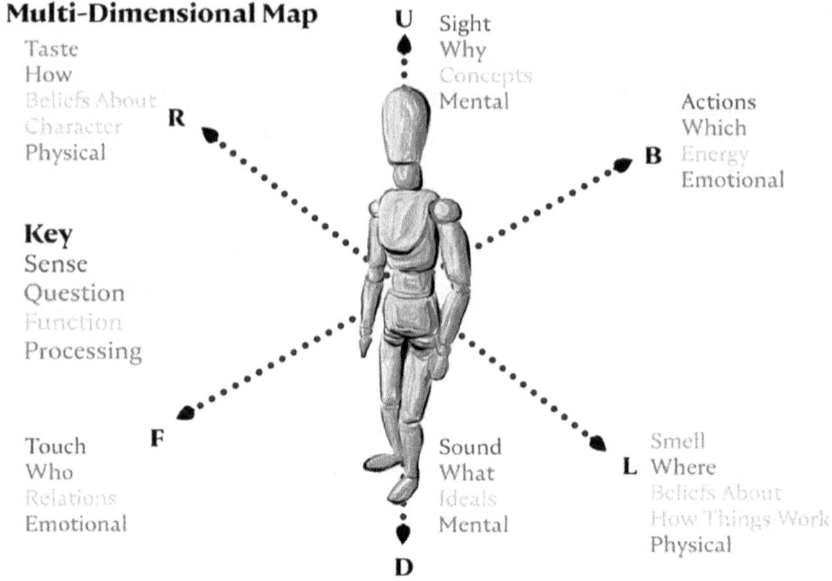

Hologramas; Un Holograma es una imagen tridimensional reproducida a partir de un patrón o interferencia producida por un patrón de interferencia producido por un haz de radiación coherente dividido, también el patrón de interferencia en sí. El Sistema Humano se compone de una compilación de numerosos sistemas; cada uno de estos diferentes sistemas tiene diferentes sistemas que son parte de todo su sistema. Como sistema completo, no existe un campo de estudio de estudio médico que incluya todo el sistema humano. Hay cientos de campos de estudio diferentes para la salud y el bienestar de un sistema humano en su conjunto. Hay más de 78 órganos en el sistema humano y 17 sistemas, estos órganos y sistemas tienen sub órganos y sistemas con los que trabajan, y los diferentes órganos, sistemas y subsistemas tienen diferentes partes que los ayudan en su función. El Sistema Humano no depende de otros sistemas. Un término mejor es "**interdependiente e interrelacionado**". Cada órgano y sistema tiene su propia función, mientras que la investigación encuentra que una célula de otro sistema puede crear partes faltantes en un sistema diferente. Un sistema u órgano puede volverse muy disfuncional y, sin embargo, todo el sistema puede continuar funcionando, esto se debe a la relación de "interrelación" e "interdependencia" en el Sistema Humano como un todo. Estos órganos y sistemas son los que pueden identificarse por su forma, sustancia y ubicación en el cuerpo humano. El cuerpo humano es solo uno de los tres sistemas que componen el Sistema Humano y los órganos y sistemas ya identificados están solo dentro del cuerpo. El Sistema Humano está formado por tres sistemas principales, cada uno de los cuales tiene varios otros sistemas dentro de ellos. El Sistema Humano es el campo completo, los seres humanos son dimensionales y cada dimensión del Sistema Humano tiene funciones, órganos y sistemas específicos dentro de esa dimensión. Cada micro aspecto de nuestro ser tiene una dimensión, cada célula, cada átomo de nuestro todo es dimensional, somos seres Holográficos. Cada micro de nuestro ser tiene un plano de todo el sistema del que forma parte.

Estos son los 3 sistemas separados del Sistema Humano:

Mente; El elemento o complejo de elementos de un individuo que siente, percibe, piensa, quiere y razona. La mente es la actividad mental adaptativa consciente e inconsciente organizada o un organismo. La mente se considera el cerebro humano, que es el órgano que organiza todos los elementos, sistemas y órganos dentro del cuerpo humano, el sistema informático maestro del ser humano.

Emoción; (espíritu); La emoción es el aspecto afectivo de la conciencia, un estado de sentimiento y una reacción mental generalmente de naturaleza subjetiva a una experiencia. Esto puede provocar un cambio fisiológico y de comportamiento en el cuerpo.

Cuerpo; El cuerpo es la parte material o natural de un ser humano, generalmente encarna o da una realidad concreta a algo.

La totalidad del Sistema Humano se compone de estos 3 elementos separados que trabajan juntos para hacernos completos. Cada uno de estos 3 elementos tiene diferentes sistemas y elementos en ellos, cada elemento y sistema conoce su función, propósito y naturaleza dentro de todo el sistema. Cada sistema y elemento dentro de los sistemas es holográfico de todo el Sistema.

Principio de Realidad; No sabemos la diferencia entre lo real o lo imaginario.

El Principio de Realidad; de un sistema como un campo completo se compone de otros tres campos que trabajan juntos; Principio de Realidad para la persona con seis sentidos. Los recursos están implícitos y no se habla de ellos en el Principio de Realidad. Cualquier aspecto, elemento, función, incluso símbolo del sistema y recursos, ya se conoce a sí mismo, por lo que no es necesario explicar el recurso exacto para el sistema. El corazón sabe latir, los pulmones saben cómo respirar y los músculos saben cómo funcionar. Con solo decirle a un bebé que "venga con mamá" el bebé puede comenzar a gatear hacia mamá, solo implicando recursos, no detallando las instrucciones para los recursos. El cuerpo le enseña a la mente sobre los recursos. Esta habilidad o proceso no se detiene simplemente porque crecimos o estamos gateando o caminando, esta es la forma en que funciona la Realidad. Todo lo que has pensado en hacer o lograr, ya tiene los recursos internos para lograrlo. Si alguna vez has pensado en hacerte famoso, rico, un genio, todo lo que has pensado o imaginado, ya tienes los recursos para lograrlo dentro de ti. No es necesario que te enseñen detalles, ya los sabes, el simple hecho de poder implicar los recursos al comenzar el sueño o la meta hace que los recursos trabajen juntos para que todo se convierta en realidad para ti. Esta es una de las leyes del éxito o del fracaso porque por cada positivo también tienes un negativo. Implica lo positivo y toma acción de lo positivo y las partes dentro de todo tu sistema en tu Sistema Humano le enseñarán a tu mente todo lo que necesita saber para alcanzar tus sueños.

A veces, otras cosas deben abordarse primero en el Principio de Realidad. Entonces, ¿qué es lo que preferirían si su realidad no cambia solo por algo que hacen? Si el Principio de Realidad no funciona, primero deben hacer algo antes de que la realidad pueda ocurrir. Con el Principio de Realidad no conocemos la diferencia entre presente, pasado, futuro o una experiencia vívida imaginada. La ley de correspondencia y unidad hace que la realidad funcione. Si tu realidad no está funcionando, entonces tu Sistema Humano Holográfico no se corresponde adecuadamente ni estás integrando consciente o inconscientemente tus experiencias de vida internas y externas.

El principio de Realidad trabaja con el principio de unidad y correspondencia tanto consciente como inconscientemente. Conscientemente, creamos nuestra propia realidad basándonos en las cosas que percibimos. Recordando que las cosas que percibimos se basan en las cosas que ya estamos programados subconscientemente para creer y percibir. Nuestra Realidad simplemente se convierte en un programa inconsciente, mientras que durante todo este tiempo de nuestro ser tenemos un sistema consciente capaz de corresponder e integrarse con el sistema inconsciente. Estos simplemente se reducen a una elección personal en la percepción, pero si nunca supiste que esta es la naturaleza de un Sistema Humano, podría llevarte años resolver las cosas por tu cuenta. Aun así, todo se reduce a una elección personal, incluso si aún no sabemos algo de un hecho, la elección es individual. Podemos ver una película o leer un libro y ponernos tristes, enojados o asustados, aunque sea solo un libro o una película. Subconscientemente, no sabemos la diferencia entre lo real y lo imaginado, simplemente lo es. La unidad y la correspondencia son principios físicos primarios en la Teoría de la Transformación Humana Holográfica.

Principio/Ley de Unidad; Una totalidad de partes relacionadas, una entidad que es un todo complejo o sistemático. Cuando todas las partes del todo trabajan juntas para un propósito, la identidad, y ninguna parte se resiste a otra parte. A cada parte se le permite y está dispuesta a hacer su función e interactúa con todas las demás haciendo su función y propósito individual, todas trabajando juntas para un objetivo, propósito, sueño e identidad en común. Para el Sistema Humano, la Mente, las Emociones y el Cuerpo trabajan en segundo plano para mantener su propio enfoque del propósito. Comenzando con los pensamientos construidos por las emociones y actuando a través de las expresiones físicas del propósito. Muchas veces podemos tener un pensamiento y nuestra respuesta emocional puede negar el pensamiento, entonces la emoción negativa se convierte en un comportamiento opuesto y pensamos que nunca fuimos destinados a lograr el propósito. Cuando el pensamiento del propósito u objetivo viene a la mente, entonces la emoción viene a motivar y agregar al pensamiento, luego la expresión corporal del pensamiento y la emoción trabajan para mostrar el propósito o meta, comenzamos a alcanzar el propósito o meta. Aspectos unificadores de los Sistemas Naturalmente Integrados; Todo sistema, ya sea creado por Dios o por el hombre, está hecho de sistemas separados construidos para trabajar juntos con el propósito principal del todo. Una computadora, un reloj, un teléfono celular, el diagrama de un ingeniero, todos deben trabajar juntos dentro del sistema para la función principal de todo el sistema. Una cualidad o estado de ser Uno, no múltiple, Una Identidad. Los Sistemas Humanos, así como la naturaleza misma, se componen de muchos sistemas separados, estos sistemas tienen una fuerza natural sobre la que funcionan. Cuando las diferentes partes de un sistema no funcionan juntas, con cada parte haciendo su trabajo, todo el sistema se vuelve disfuncional. Este aspecto de Unidad es Continuidad, sin desviaciones o cambios como en el Propósito de las Acciones. Cualquier desviación o cambio debe volverse al Propósito y multiplicarse por el Propósito. Este es el mismo concepto de tener un sistema que funciona con baterías y la batería se agota, esto hace que el sistema se vuelva disfuncional, por lo que cambias las baterías. En el Sistema Humano, si las emociones se desvían del propósito original de la meta o el sueño, lleva al sistema emocional a las emociones para ayudar al propósito. Por ejemplo, la meta o el propósito es convertirte en un cantante famoso y las emociones que surgen sobre esta idea o pensamiento son el desánimo o el fracaso. Vuelve al propósito original de convertirte en un cantante famoso y cambia la emoción para que la emoción no cambie ni te desvíe de tu propósito.

Unidad; Condiciones o Procesos, Acciones, Eventos basados en el Multiplicando de Propósito o Totalidad. Todo tiene un propósito. Como Sistema Humano, cada sistema con el todo tiene su propio propósito que a su vez trabaja con el único propósito de ser un Sistema Humano completo. Las fuerzas naturales trabajan detrás y alrededor de estos sistemas para hacerlos llegar a la Unidad a través de la Física de la Correspondencia.

Correspondencia; ocurre dimensionalmente por Dirección, Cuestionamiento y Modelado.

Ley de Correspondencia; Una similitud particular, una relación entre conjuntos en la que cada miembro de un conjunto está asociado con uno o más miembros del otro. Corresponder significa responder juntos para reaccionar al unísono al mismo tiempo. La naturaleza optimiza los sistemas al tener partes o procesos con la misma forma para resonar como uno. El Principio de Correspondencia es la unión de partes similares. Este Proceso de Correspondencia de partes similares es un proceso de unificación de la función de cada parte para todo el sistema. La correspondencia rige la Función y el cambio de Función provoca la Transformación. Cuando las partes similares de un sistema completo no se corresponden como una sola, todo el sistema se vuelve disfuncional. Tomemos a la familia, por ejemplo, como un sistema completo, y si una parte de la familia no corresponde en hacer su función dentro de la familia, la familia puede volverse disfuncional. Existe una física de la correspondencia; una estructura, patrón y proceso mediante el cual la correspondencia funciona correctamente por su naturaleza. La correspondencia ocurre dimensionalmente por; Dirección, Cuestionamiento y Modelado. Las partes similares cambian juntas. Este cambio que las partes similares hacen juntas funciona dentro de esta estructura de estos tres Elementos de; Dirección, Cuestionamiento y Modelado. Esta Física de la Correspondencia rige la función de cualquier sistema, ya sea de la Naturaleza, hecho por Dios o por el hombre. Cuando esta Naturaleza de correspondencia no está en secuencia con su estructura, todo el sistema es disfuncional y puede incluso destruirse a sí mismo.

La Correspondencia rige la Función; la función es el propósito; la combinación de un grupo de sistemas, acciones, eventos, secuenciados juntos para un propósito singular. El resultado final que se busca es un emprendimiento que requiere más de un evento, condición y proceso. Muchas cosas en la vida encajan bajo esta ley, pocas cosas solo requieren un evento, condición o proceso para obtener un resultado final, llegar al propósito o lograr la función que se pretende lograr. La Correspondencia es el acuerdo de las cosas entre sí. Una similitud particular, una relación entre partes en la que cada miembro de un conjunto está asociado con uno o más miembros del otro. Esto Completa la Función al Comunicar la información.

CAPÍTULO 13

FÍSICA DE LA TRANSFORMACIÓN HUMANA HOLOGRÁFICA

La Física es una ciencia que se ocupa de la materia y la energía y sus interacciones. Los procesos y fenómenos físicos de un sistema particular y sus propiedades físicas y composiciones. Es una Ciencia Natural.

Integrar; (Integridad) basado en Estructura, Patrones y Procesos (de Sistema Natural), (Mapa Humano Holográfico Dimensional de los **Elementos**; Interrelacionados), trabajo unificado en una Naturaleza paralela, (Función Natural, del Verdadero Yo), Elementos Interrelacionados.

Similitud; La Correspondencia rige esto (Proceso y Estructura); Características estrictamente comparables, esto es agregar e insertar en el Sistema Completo.

Integridad; Las Estructuras y Procesos se unen para trabajar en Paralelo basados en Similitudes.

Integración de conceptos; Principios, Modelos y Programas ya Interrelacionados e Interdependientes en Paralelo.

Unidad; Condiciones o Procesos, Acciones, Eventos basados en el Multiplicando del Propósito de la Totalidad.

Las partes similares Procesan y rigen la Función.

La Correspondencia ocurre dimensionalmente por Dirección, Cuestionamiento y Modelado.

Totalidad CAMBIO:

1. **Elemento; DIRECCIÓN;** Como Seres Humanos, obtenemos esto basándonos en nuestro pasado y en nuestros sentidos del SONIDO y la VISTA. Orientación o supervisión; Instrucción explícita; Línea o curso en el que algo se mueve o está destinado a moverse o a lo largo del cual algo apunta o mira. Un canal; curso directo del pensamiento a la acción; De pensamiento y esfuerzo.

2. **Elemento; CUESTIONAMIENTO;** Los Seres Humanos basan esta función en su presente y en nuestros sentidos del TACTO y la ENERGÍA. Hacer una pregunta de o sobre; Duda, Disputa; Someter a análisis. Preguntar; Alertamente interesado en conocer cosas. Curioso; inquisitiva, búsqueda inquisitiva. Antónimo; incurioso.

3. **Elemento; MODELADO;** Los Seres Humanos obtienen esto basándose en el Futuro y en los Sentidos del GUSTO y el OLFATO. Este aspecto de la Correspondencia consiste en planificar o formar después de un patrón en una forma. Convertir en una organización para producir una representación o simulación de. Visualizar usando. Diseña o imita un patrón. Caracterización de, semejanza, reproducción de, representación.

LA FUNCIÓN ES EL PROPÓSITO DE ACCIÓN PARA EL CUAL EXISTE ALGO.

Asignar matemáticamente un Elemento de un conjunto a cada Elemento del mismo conjunto u otro conjunto, una variable como una cualidad, rasgo o medida que depende o varía con otros Elementos y Contenidos.

Relación de Elementos y Contenidos, es Correspondencia entre Función y Operación (Proceso).

Unidad de Desviación; Diferente de Estructura y Patrones… La Acción para Desviar la Estructura o el Proceso puede ser tomada por un Evento, Condición o Proceso (veces por el Propósito/Totalidad).

Función "de" Origen y Propósito; La acción para la que existe una cosa. Cualquiera de un grupo de acciones relacionadas que contribuyan a una acción más amplia. Correspondencia matemática que asigna exactamente un elemento de un conjunto a cada elemento del mismo u otro conjunto. Una variable como cualidad, rasgo o medida que depende y varía con otra. **RESULTADO;** La función implica un propósito definido o para el que sirve la persona en cuestión o un tipo particular de trabajo que está destinado a realizar. **Procedimiento;** actuar de una manera particular. Comportarse, operar, trabajar, ir, correr y operar. Correlación matemática entre los conjuntos.

Totalidad CONTINUO ESPACIO TIEMPO:

1. **Elemento; EVENTO;** una realidad física observada representada por un punto designado por 3 coordenadas del Espacio y 1 del Tiempo.

2. **Elemento; CONDICIÓN;** es una premisa de la que depende el cumplimiento; el Evento está determinado por la Condición. Cambiar la Condición puede poner el Evento en un Estado en el que una Acción o Evento Asociado con uno se asocie con otro; (Unidad). Paralelo; Cambia, Condiciona por "Elevación" o haciendo algo adicional.

3. **Elemento; PROCESO;** <u>Integración para generar Respuesta automática, (Programa, Modelo).</u>

Las similitudes se expanden; agregar a (Punto de Bifurcación).

Correspondencia; rige la Función.

Unidad; desviaciones.

Integración; Punto de Cruce.

Principio de Correspondencia; La unión de partes similares.

Principio de Unidad; La unión de partes diferentes;

Correspondencia y Unidad; Hace que la Realidad funcione; La Realidad adquiere un propósito funcional.

Principio de Integridad; Como la gravedad que mantiene unida la materia; Proviene de nuestra elección fundamental de vivir. Porque lo que resistimos persiste. La naturaleza libre para vivir promueve la integración.

Correspondencia; Integración.

Dimensionalidad; Totalidad CAMBIO:

1. DIRECCIÓN

2. CUESTIONAMIENTO

3. MODELADO

Los sistemas son entidades o patrones que interactúan entre sí durante un proceso. La relación entre las partes son los fundamentos de su proceso.

El campo consciente está formado por una fuerza unificadora que es inteligente y consciente. El nivel de desarrollo personal de un individuo puede medirse por su capacidad para percibir el campo en sí mismo y/o en los demás.

Cuando el entorno se desploma, el centro se apaga. Esto nos deja sin equilibrio, inocencia. No reconocerlo ni captarlo en "ningún sentido".

El espacio entre todos los componentes (fundamental) son las sinapsis. El espíritu es el elemento dentro de las sinapsis que pasa y rodea lo físico.

Aquí es donde surge la correspondencia, el entre. (Las sinapsis).

Las Totalidades y Elementos de la Correspondencia (Comunicación):

1. **Mente/Mental, Percepción;**

   a. Identidad/Personalidad
   b. Datos
   c. Modelos
   d. Estructura
   e. Formar
   f. Admitir
   g. Recepción
   h. Procesamiento de Datos
   i. Transmitir
   j. Intención
   k. Altura
   l. Eliminar

2. **Emociones;**

   a. Comunicación, procesamiento y almacenamiento de información.
   b. Diálogo, nuevas teorías, con patrones
   c. Leyes y experiencias de las Nuevas Teorías
   d. Procesos para el Cambio Natural
   e. Norma
   f. Aceptar
   g. Almacenamiento
   h. Patrones de Información y Almacenamiento
   i. Recibir
   j. Contexto
   k. Lateral
   l. Insertar

3. **Cuerpo, Comprensión, Discernimiento;**

    a. Transmitir Modelos, recuerdos a través del lenguaje y el comportamiento.

    b. Conocimiento, aplicación, uso productivo de la información y Nuevas Teorías para uno mismo y los demás

    c. Visión del mundo

    d. Los Patrones, configuración Natural o casual, disimulan un sistema coherente basado en el funcionamiento interrelacionado previsto de las partes componentes.

    e. Cumplir; a través de la diferencia integradora y las modificaciones en los patrones originales.

    f. Expresar

    g. Transmitir

    h. Compresión para Modelos

    i. Mensaje

    j. Contenido

    k. Profundidad

    l. Modificación

CORRESPONDENCIA DEL MAPA DIMENSIONAL HOLOGRÁFICO HUMANO

Totalidades y Elementos para la TRANSFORMACIÓN:

1. Elemento mental; DIRECCIÓN:

<u>Elementos</u>

    a. Identidad

    b. Datos

    c. Estructura

    d. Formar

    e. Admitir

    f. Percibir

    g. Procesamiento de Datos

    h.   Transmitir
    i.   Intención
    j.   Eliminar

"Conceptos"; (con Principios y Modelos), "Integración" de Unidad para los sentidos inherentes de lo Correcto y lo Incorrecto.

"Integrar" "Integridad", "Estructura", unificada con "Elementos" interrelacionados.

"Estructura" "Similitud" "Correspondencia" insertar con "Procesos" de Características, agregar o insertar.

"Estructura" y "Procesos" unidos basados en las "Similitudes".

La "Unidad" de la Estructura Desviada toma acción, evento, condiciones y proceso.

2. Elemento emocional; CUESTIONAMIENTO:

Integrar "Integridad";

"Patrones" a "Elementos" Interrelacionados;

"Relaciones" de los "Elementos "su "Contenido";

"Principios" ya "Interrelacionados" e "Interdependientes";

<u>Elementos</u>

    a.   Comunicación, procesamiento y almacenamiento de información
    b.   Información, diálogo, nuevas teorías con patrones
    c.   Procesos
    d.   Norma
    e.   Aceptar
    f.   Almacenamiento

    g.   Procesamiento de información y almacenamiento
    h.   Recibir
    i.   Contexto
    j.   Insertar

3. Elemento físico; MODELADO:

La "Correspondencia" rige la función; (Objeto y Origen);

"Modificación" el carácter o condición reorganiza los "elementos" existentes;

Asigna un elemento de 1 conjunto a cada elemento del mismo conjunto o de otro conjunto ("Contenidos").

La función que rige hace esto basándose en "Elementos" "Similares";

"Similitudes" and Procesos".

"Integración" de "Proceso" de "Elementos" relacionados.

Los "Procesos" de "Desviación" llevan un evento, condición y proceso a la "Estructura".

Elementos

    a.   Transmitir el Modelo a través del lenguaje y el comportamiento.
    b.   Conocer la aplicación
    c.   Patrones
    d.   Cumplido
    e.   Expresa
    f.   Transmitir
    g.   Compresión de Modelos
    h.   Mensaje
    i.   Contenido
    j.   Modificación

Todas las Realidades de nuestro universo están formadas por átomos diminutos. Estos átomos, aunque pequeños, ocupan espacio. Estos espacios de átomos, materia, se denominan Dimensiones.

Átomo; la partícula más pequeña de un elemento que puede existir sola o en combinación, se considera una fuente de una vasta energía potencial.

Dimensión; Una de las tres coordenadas que determinan una posición en el espacio o cuatro coordenadas que determinan una posición en el espacio y el tiempo; (El rango sobre el cual o el grado en que se extiende algo).

Estas **Dimensiones** son:

Altura/Vertical; Es perpendicular al plano del horizonte o al eje primario, en posición vertical.

Profundidad/Sagital; La medición lineal directa de adelante hacia atrás.

Ancho/Lateral u Horizontal; La medida horizontal tomada en ángulo recto con la longitud.

Totalidad; El estado de ser completo, totalidad, Integridad.

Totalidad Modelos Integridad; La Fuerza Unificadora que nos mantiene unidos. La Unificación Interior viene del Macro-Sistema para vivir y crecer. **Es el trasfondo del dicho: "Lo que resistimos, persiste".** La Totalidad es el resultado del Principio de Integridad, y cuando los elementos trabajan juntos al unísono, la Totalidad de ellos "simplemente es". Si los elementos de cualquier Totalidad no están haciendo cada uno su propia función y trabajando juntos, entonces la Totalidad de ellos nunca existirá. Hay una fuerza natural que promueve que los elementos trabajen juntos como uno solo por el bien de la Totalidad. Esta fuerza natural para la Integridad promueve la Integración de Todas las partes de nosotros y de todos los Sistemas Completos. El Modelo de Integridad se compone de 3 sistemas separados conocidos como Elementos y 1 Nivel de Totalidad. Un ejemplo de una Totalidad es el "Tiempo", el tiempo es una Totalidad, el Tiempo simplemente es, nadie que sepamos lo creó, sin embargo, es parte de nuestras vidas. La Totalidad del Tiempo se crea por tres elementos separados de la totalidad del tiempo, Pasado, Presente y Futuro. Si estos elementos del tiempo no están unificados y, por ejemplo, intentamos resistirnos a enfrentar nuestro pasado o planificar o trabajar en nuestro futuro, el Tiempo, como una Totalidad, no funcionará en todo su potencial.

PRINCIPIO DE INTEGRIDAD:

Principio de Integridad; es una fuerza unificadora en cada uno de nosotros que nos mantiene unidos, La Unificación Interna viene del Macro-Sistema para vivir y crecer. Los Elementos de cualquier Totalidad tienen una función específica dentro de toda de la totalidad de la que forman parte. Estos Elementos conocen su función, propósito, estructura, patrones y procesos. El hecho de que sean lo que son significa que no pueden ser lo que no son. El pasado es el pasado, el presente es el presente y el futuro es el futuro, no puedes hacer que el pasado sea el presente o cualquier otra cosa y hacer que el Tiempo sea lo que es y viva y crezca como Tiempo. Un deseo natural de integridad, unificación, bienestar, que proviene de cada aspecto vivo e inteligente de nuestro ser para estar completo y saludable y ser parte de nosotros. Por eso lo que resistimos, persiste. Resiste que el pasado sea el pasado y el pasado persistirá. Una fuerza unificadora que promueve la integración de todos los aspectos de nuestro ser. Esta fuerza unificadora es de la naturaleza, basada en nuestra elección fundamental de vivir. Quiere que vivamos y quiere vivir como cada célula individual y, por lo tanto, la naturaleza misma promueve la integración de todas nuestras partes.

Principio de Integridad; La fuerza unificadora que nos mantiene unidos, la unificación interna, proviene del macro-sistema para vivir y crecer. "**Lo que resistimos, persiste**". Esta fuerza promueve la Integración de todas nuestras partes, por lo que "Lo que resistimos persiste".

El Sistema Humano Holográfico es un Sistema Íntegro (Principio de Integridad). <u>Aprende la Totalidad del Sistema Humano y aprende a usar la fuerza unificadora que nos mantiene unidos</u>. La Unificación

Interna proviene del Macro-Sistema, para vivir y crecer. "Lo que resistimos persiste".

Integración de Conceptos, Principios, Modelos y Programas ya Interrelacionados e Interdependientes en Paralelo.

Los procesos de partes similares rigen la Función.

Función; Propósito de Acción por el que existe algo.

Asigna Matemáticamente un Elemento de un conjunto a Cada Elemento del mismo conjunto o de otro. Una variable como cualidad, rasgo o medida que depende o varía con otra.

Integridad; Estructuras y Procesos de Sistemas Naturales se unen para trabajar en Paralelo, basados en Similitudes y Correspondencia.

Integración; Conceptos y Principios, Modelos y Programas Interrelacionados e Interdependientes.

La Correspondencia son las Partes o Procesos de la misma forma, resuenan como uno. La Unidad es la Continuidad de las Desviaciones sin Desviación o cambios en el Propósito de Acción, Eventos, Condiciones o Procesos. Estos deben basarse en el Multiplicando, el Propósito Original o la Totalidad y el Principio de Integridad. La integración es el acto o proceso de coordinación de los procesos mentales en una personalidad efectiva normal o con el entorno de un individuo. La integración también implica la operación de encontrar una función cuyo diferencial se conoce y la operación de resolver una ecuación diferencial.

La Función representa el PROPÓSITO de una acción específicamente adaptada o utilizada o para la que existe algo. Los Grupos de Elementos o acciones relacionadas contribuyen a una acción más amplia. Correspondencia Matemática que asigna exactamente un elemento de un conjunto a cada elemento del mismo u otro conjunto. Una variable (como cualidad, rasgo o medida), que depende y varía con otra. La función se relaciona con el desempeño. La correspondencia rige la Función.

La palabra "De" se utiliza para representar la Función. "De" indica el Componente Material, las Partes o Elementos, o el Contenido. "De" como palabra de Función indica una parte o un punto de Estimación, Origen o Derivación, así como una Causa, Motivo o Razón. La palabra "De" se utiliza para indicar un todo o una cantidad de la cual una Parte se Quita (Elimina) o se Expande (Inserta) o Reordena (Modifica), para indicar Relaciones (Correspondencia) entre un resultado determinado por una Función u Operación (Proceso) y una entidad básica (como variable independiente), para indicar posesiones características o distintivas, posesión en el Tiempo. (Otras formas de usar la palabra "De" indicando Función como por, como, como para, sobre, en base, concerniente, perteneciente).

La Disfunción es un resultado en el cual el Origen, Propósito y Proceso se desvían de sí mismos. Otra forma de decir esto es "cuando estás fuera de pista".

La Unión de partes Diferentes; Estructuras y Posesiones que se Desvían entre sí en el mismo Sistema. La Acción de Desviar la Estructura o el Proceso puede ser tomada por un Evento, Condición y Proceso y multiplicarse en Propósito y/o Totalidad.

Evento; La Entidad Fundamental de la realidad física observada representada por un punto designado por 3 coordenadas de Lugar y 1 de Tiempo en el Continuo Espacio-Tiempo postulado por la Teoría de la Relatividad. Los Eventos son Resultados, algo que sucede, la entidad fundamental observable con una realidad física, los eventos se realizan para lograr un fin.

Relatividad; Norma (Una cualidad o estado de ser relativo). Algo que es Relativo, el estado de ser dependiente para la existencia o determinar en la Naturaleza, Valor o Calidad por relación con algo más, una cosa basada en los 2 postulados. 1) Que la velocidad de la luz en el vacío es constante e independiente de la fuente u observada y 2) que las formas matemáticas de las leyes de la física son invariantes en todos los sistemas inerciales y que lleva a la afirmación de la equivalencia de la masa y energía y del cambio en la masa, dimensión y tiempo a mayor velocidad.

Una extensión de la Teoría para incluir la gravitación y los fenómenos de aceleración relacionados.

Continuo espacio-tiempo; Un Todo coherente, caracterizado como una colección, secuencia o progresión de Valores, o Elementos, que varían en grados ínfimos. (Lo Bueno y lo Malo se encuentran en los extremos opuestos de un Continuo en lugar de describir las 2 mitades de una línea (Wayne Shumaker).

El conjunto de Números Reales que incluye tanto los racionales como los irracionales, un conjunto compuesto que no se puede dividir en 2 conjuntos, ninguno de los cuales contiene un punto límite del otro.

El espacio es una extensión tridimensional ilimitada en la que los objetos y eventos, condiciones o procesos ocurren y tienen una posición y dirección relativas (Espacio y Tiempo infinitos).

Condición; Una premisa de la que depende el cumplimiento. El Evento en sí está determinado por la Condición, la Condición es esencial para la aparición u ocurrencia de la Función del Propósito.

La Condición puede restringir o modificar el estado del Propósito. Cambiar la Condición trae o pone el Evento en un estado específico, adaptándose, modificándose, por lo que una Acción o Evento asociado con uno se asocia con otro. La Condición puede Aumentarse o cambiarse haciendo algo "Adicionalmente".

Proceso "Proceso del Tiempo"; Un fenómeno Natural marcado por cambios graduales que conducen a resultados particulares. Continuación de la Función o Actividad Natural. Acciones que conducen a un final. Parte prominente o proyectante de una Estructura viva, Integrando Datos Sensoriales para que ocurra la Acción y se "Genere" una Respuesta Automática.

La Sinergia es el todo mayor que las partes individuales, esto se aplica a todo. Las interacciones de dos o más agentes para un todo. Cualquiera que sea el todo, hay tres aspectos que son individuales del todo. Los sistemas que trabajan juntos son Sinérgicos. Los sistemas son entidades o patrones que interactúan entre sí durante un proceso. La relación entre las partes es el fundamento de sus procesos.

El campo consciente está formado por una fuerza unificadora que es inteligente y consciente. El nivel de desarrollo personal de un individuo puede medirse por su capacidad para percibir el campo en sí mismo y en los demás y la sinergia del todo basada en la correspondencia y la unidad de las partes individuales. Cuando el entorno se desploma, el centro colapsa, dejándonos sin equilibrio o inocencia. En ningún sentido, no lo reconocemos ni podemos captarlo en ningún sentido.

Matriz; 1) Suma, 2) Desviaciones con respecto al Tiempo, 3) Multiplicación con un Multiplicando. Haz esto de izquierda a derecha. Encontrar el denominador común en lo que respecta a la Acción, Función y Procesos.

Elemento;

Función;

Procesos;

Cambio Progresivo; Se refiere a pequeños cambios en los Programas, Modelos o Creencias. El cambio progresivo es un cambio sin fin y pasa constantemente por el proceso del Desorden.

Como seres humanos, la información nos llega a través de nuestros sentidos humanos. Los sentidos humanos son la forma en que experimentamos nuestras vidas. Desde nuestra experiencia consciente a través de nuestros sentidos humanos, creamos modelos de nuestro mundo. Estos modelos se convierten en nuestros pensamientos, sentimientos y comportamientos. Nuestras creencias, valores, estilos de vida y circunstancias.

CAPÍTULO 14

FÍSICA DE LA TRANSFORMACIÓN/ CAMBIO

Hay dos sistemas básicos de cambio que podemos hacer; **Cambio Progresivo** y **Cambio de Transformación**.

Cambio Progresivo; Se refiere a pequeños cambios en los Programas, Modelos o Creencias. El cambio progresivo es un cambio sin fin y pasa constantemente por el proceso del Desorden.

Como seres humanos, la información nos llega a través de nuestros sentidos humanos. Los sentidos humanos son la forma en que experimentamos nuestras vidas. Desde nuestra experiencia consciente a través de nuestros sentidos humanos, creamos modelos de nuestro mundo. Estos modelos se convierten en nuestros pensamientos, sentimientos y comportamientos. Nuestras creencias, valores, estilos de vida y circunstancias.

El Cambio Progresivo consiste en realizar pequeños cambios en diferentes comportamientos o sistemas humanos. Estos cambios progresivos pueden ser infinitos.

Cambio Progresivo:

1. Patrones de éxito explorando posibilidades de patrones o sistemas de cambio. Explorar para encontrar patrones de éxito.

2. Ampliar y mejorar los patrones y sistemas para el cambio. Repite el patrón una y otra vez.

3. El sistema alcanzó su potencial y también muestra que tiene problemas incorporados y no está abierto a nueva información, datos y retroalimentación.

CAMBIO EN LA TEORÍA DE LA TRANSFORMACIÓN

Los seres humanos tienen características y atributos representativos de simpatías, debilidades, fortalezas y por la naturaleza de sus mentes pueden procesar y evaluar sus vidas y muchas otras cosas.

Tienen una existencia consciente y pueden percibir y concebir otras cosas en una existencia real. Los humanos, por su propia naturaleza, han transformado sus acciones y procesos no solo de nuestro mundo, sino incluso el ADN y muchos otros seres vivos.

Para poder transformar, la clave de la fórmula que afecta la Transformación es la Función. La Función es una operación literal que convierte una cosa en otra.

Los componentes de la función cambiante son;

Transformación:

1) Eliminar;

2) Insertar;

3) Modificar;

La modificación genética en una bacteria ocurre al insertar ADN de otra célula bacteriana.

La **Correspondencia** es la Ley de la Física que rige este proceso de Función.

La **Integración** es un proceso de Unificación (**Unidad**).

Los seres humanos se Transforman e Integran por naturaleza. Su sentido inherente del bien y del mal, de acuerdo con su propia naturaleza y determinado por ella.

La **Modificación** es un cambio importante y fundamental (como en el carácter o la condición) basado principalmente en la reordenación de los Elementos existentes. Cambiar por acto o proceso, el orden lineal y el conjunto ordenado o disposiciones del carácter o las condiciones.

Cambio transformador; Es impredecible saber cómo será el sistema con el cambio transformador. Es un cambio a nivel de identidad.

Cambio Transformador:

1. Patrones de éxito explorando posibilidades de patrones o sistemas de cambio.

2. Ampliar y mejorar los patrones y sistemas de cambio. Suele ser un proceso de repetición de patrones de éxito o sistemas de cambio.

3. Patrones de éxito considerando anomalías (problemas integrados en el sistema de éxito desde el principio. Tomando nueva información, datos y retroalimentación para el cambio). Aquí es donde los patrones o sistemas de éxito originales asimilan las anomalías ahora evidentes desde el primer paso de los patrones de cambio. Está abierto a retroalimentar nuevos datos, nueva información y conocimiento. Aborda las anomalías, (problemas), crea un nuevo patrón de éxito que aborda las anomalías y va al Paso 2 nuevamente. Repite, repite, repite, patrón.

Desorden; se basa en estos principios y leyes:

❖   Principios y Modelos de Integración

❖   Principio de Realidad

* ❖ Secuencias de Procesamiento de Datos

* ❖ Submodalidades

Ejemplos, hay más que puedes identificar.

Totalidad NATURALEZA: El carácter inherente o constitución básica de una persona o cosa. Un creativo y controlador en el universo. Una fuerza interior y la suma de tales fuerzas en un individuo. Una especie y clase que se distingue por características fundamentales y esenciales. El origen de la condición natural.

1. **Elemento; ESTRUCTURA;** La acción de construir. Dispuestos en un patrón definido de organización. La disposición de partículas y partes en una sustancia o cuerpo. Organización de las partes dominada por la constitución general y el carácter del todo. El agregado de elementos de una entidad en su relación entre sí. "De"; se relaciona con o es un método en el que cada paso de la solución al problema está contenido en un subprograma separado.

2. **Elemento; PATRÓN;** Una forma o patrón propuesto para imitar. Una configuración natural o casual. Una muestra confiable de rasgos, actos, tendencias y otras características observables. Un sistema coherente discernible basado en la interrelación prevista de los componentes. Incidencias frecuentes o generalizadas.

3. **Elemento; PROCESOS;** Progresar, avanzar, seguir y proceder. Fenómeno natural marcado por cambios graduales que conducen a un resultado particular. Una actividad o Función natural o biológica continua. La parte prominente o saliente de la estructura. Sujeto a un proceso especial. Someter o manejar a través de un conjunto de procedimientos rutinarios establecidos.

Totalidad PROCESAMIENTO DEL LENGUAJE:

1. Elemento; Simbólico; Consiste o procede mediante símbolos, relativo o constitutivo de símbolos.

2. Elemento; Enérgico; La Energía y sus transformaciones, la relación energética total y las transformaciones de un sistema físico, químico o biológico. Impactar la energía para ACTUAR.

3. Elemento; Cuerpo Entero; Movimientos corporales, gestos y posiciones. El cuerpo entero se corresponde e interrelaciona de manera interdependiente con lo que se procesa y comunica.

SIGNIFICADO DE LA MATRIZ DE MOVIMIENTO; ARRIBA O ABAJO, ADELANTE O ATRÁS, DERECHA O IZQUIERDA

Teoría del péndulo de la salud:

Crónica, aguda (sabiduría en el proceso creativo), salud. Debes pasar por la etapa aguda antes de obtener la salud.

Los espacios entre todos los componentes son la sinapsis. El espíritu es el elemento entre la sinapsis, lo rodea todo.

CONÓCETE A TI MISMO

TEORÍA DE LA TRANSFORMACIÓN HUMANA HOLOGRÁFICA

Basado en la forma en que desarrollamos Modelos, Procesos, Creencias (Visiones del mundo). A través de la Integración, Conceptos, Principios y Modelos trabajan juntos.

HECHOS:

1. Los seres humanos son Sistemas Naturales

2. Los seres humanos son Sistemas

3. El Sistema Humano se compone de Elementos y Funciones. Las Totalidades del Sistema son una entidad o agregación de Elementos y Funciones que forman un Todo Completo o Totalidad.

Sistema de Aprendizaje Holográfico; Sistema de Salud Holográfico.

La estructura de la conciencia.

Los seres humanos tienen tres campos de conciencia; estos juntos hacen el todo humano. Cada campo de conciencia tiene dos sentidos. Cada sentido tiene un nivel superior o abstracto. Funciones conscientes para uso consciente como un todo.

1. Mental

2. Emocional

3. Físico

Conciencia de un Campo de Personalidad; la suma total de todos los momentos que representan nuestro Procesamiento Interno.

Nuestro Campo de Conciencia es el campo de la actividad, la región del Espacio caracterizada por una propiedad física (como la fuerza gravitacional), donde cada parte de la región tiene un afecto o valor determinable.

La Conciencia y Personalidad Humana, los Sistemas de Información y Procesamiento son Dimensiones y tienen una ubicación específica.

El campo mental; piensa, razona, reflexiona, es lógico, objetivo, forma jerarquías, centro consciente de nuestro ser.

LOS HOLOGRAMAS SON SISTEMAS COMPLETOS (TOTALIDAD), LOS HUMANOS SON HOLOGRAMAS

La Conciencia Humana es Holográfica; El Procesamiento Interno es el resultado de estos Modelos.

Ciclos de Entropía; Un desorden estadístico de la energía. El ciclo de la Entropía es una medida de la energía no disponible en un sistema cerrado que también suele considerarse una medida del Desorden del Sistema. Es una propiedad del estado del Sistema y variará en relación directa con cualquier cambio Reversible en el Sistema y con respecto a los factores de tiempo del Desorden de la energía del Sistema que no está disponible y que causa el Desorden. La degradación de la materia y la energía en el universo hasta el último estado de Uniformidad inerte. El proceso de degradación o agotamiento o la tendencia Natural al Desorden.

Anomalías: Información que va en contra de las creencias normales del Sistema. Son los defectos que ya forman parte del Sistema desde el principio y evitan que el Sistema crezca basándose únicamente en el Orden Natural del Tiempo y el Futuro y el Desorden.

SECUENCIA DE PROCESAMIENTO DE DATOS (TOTALIDAD):

1. RECEPCIÓN; procesamiento interno.

2. ALMACENAMIENTO; (como Modelos y Recuerdos).

3. TRANSMISIÓN; (Modelos y Recuerdos), transmitido a través de nuestro Lenguaje y Conductas.

Una forma clave de lograr una mayor correspondencia y ser más abierto es crear formas de aumentar el flujo de información en todo el sistema. Comunicación; (Transmitir, Recibir, Mensaje).

Como seres humanos, la información nos llega a través de nuestros sentidos humanos. Los sentidos humanos son la forma en que experimentamos nuestras vidas. Desde nuestra experiencia consciente a través de nuestros sentidos humanos, creamos modelos de nuestro mundo. Estos modelos se convierten en nuestros pensamientos, sentimientos y comportamientos. Nuestras creencias, valores, estilos de vida y circunstancias.

Hay dos sistemas básicos de cambio que podemos hacer:

Cambio Progresivo y Cambio de Transformación.

Cambio Progresivo; hacer pequeños cambios en diferentes comportamientos humanos o sistemas. Estos cambios progresivos pueden ser infinitos. La vida es una oportunidad ilimitada de cambios progresivos, es un proceso natural para nuestra elección.

Patrones de éxito que exploran posibilidades de patrones o sistemas de cambio. Explorar para encontrar patrones para el éxito.

Ampliar y mejorar los patrones y sistemas para el cambio. Repite el patrón una y otra vez.

El sistema alcanzó su potencial y también muestra que tiene problemas incorporados y no está abierto a nueva información, datos y retroalimentación.

Teoría de la Transformación; Los seres humanos tienen características y atributos representativos de simpatías, debilidades, fortalezas y por naturaleza de sus mentes pueden procesar y evaluar sus vidas y muchas otras cosas.

Tienen una existencia consciente y pueden percibir y concebir otras cosas en una existencia real. Los humanos, por su propia naturaleza, han transformado sus acciones y procesos no solo de nuestro mundo, sino incluso el ADN y muchos otros seres vivos.

Para "**Transformar**", la clave de la fórmula que afecta a la Transformación es la Función. La Función es una operación literal que convierte una cosa en otra.

Totalidad TRANSFORMACIÓN:

Los componentes de la Función cambiante son:

1. Eliminar

2. Insertar

3. Modificar

La modificación genética en una bacteria ocurre al insertar ADN de otra célula bacteriana.

La correspondencia es la Ley de la Física que rige este proceso de Función.

La integración es un proceso de Unificación (Unidad).

Los seres humanos se Transforman e Integran por naturaleza. Su sentido inherente del bien y del mal, de acuerdo con su propia naturaleza y determinado por ella.

La Modificación es un cambio importante y fundamental (como en el carácter o la condición) basado principalmente en la reordenación de los Elementos existentes. Cambiar por acto o proceso, el orden lineal y el conjunto ordenado o disposiciones del carácter o las condiciones.

Cambio transformador: es impredecible sobre cómo será el sistema con el cambio transformador. Este es un cambio a nivel de identidad.

Cambio transformador; Patrones de éxito que exploran posibilidades de patrones o sistemas de cambio.

Ampliar y mejorar los patrones y sistemas de cambio. Suele ser un proceso de repetición de patrones de éxito o sistemas de cambio.

Patrones de éxito considerando anomalías, problemas integrados en el sistema de éxito desde el principio. (Tomando nueva información, datos y retroalimentación para el cambio). Aquí es donde los patrones o sistemas de éxito originales están asimilando las anomalías ahora evidentes desde el primer paso de los patrones de cambio. Abierto a comentarios, nuevos datos, nueva información y conocimiento. Aborda las anomalías, crea un nuevo patrón de éxito que aborda las anomalías y permanece abierto a nuevos problemas integrados en el sistema nuevamente. Repite, repite, repite, patrón.

Desamparado, desesperado, inútil, son palabras clave de que el individuo ya no vive en su propio espacio, entorno, El Yo. Hay demasiada basura para vivir allí. Cuanto más nos movemos hacia la estructura (espacio, entorno, el yo), más efectivos somos. Cuanto más nos alejamos, negamos, rechazamos y reprimimos, cuanto más abstractos nos volvemos, menos efectivos nos volvemos. Entonces, pensar o hablar sobre un problema no ayuda. Debemos lidiar con el modelo o estructuras del problema y seremos más efectivos. EL YO.

Los seres humanos como individuos están creados para autoorganizarse, para tener unidad, correspondencia, similitudes dentro del yo. Cuando estos no se escuchan y no se responden entre sí, hay deterioro. Esto sucede tanto de forma individual como en familias, comunidades, países y el mundo. Una vez que el sistema está en declive, se mueve rápidamente hacia el caos (desorden). El caos en la física es una forma de desorden que es discontinuo y no lineal, pero no es un desorden y degeneración totalmente aleatorios.

Estabilidad (orden)---------Caos (desorden)---------Aleatoriedad (desorden total) Entre estabilidad y caos y aleatoriedad y caos está lo que se conoce como estados alejados de equilibrio. Estos estados aceleran la eliminación de las limitaciones impuestas al sistema. Desde este punto de vista, el desorden puede verse como la forma que tiene la naturaleza de lograr el éxito.

Hemos identificado siete sentidos humanos y se rumorea que la NASA ha identificado 22 sentidos humanos en total. Sabemos que cada sentido puede hacer cada uno de los otros siete sentidos.

Chi (ki);

1. Matriz de sistemas corporales; Vista y Sonido

2. Integración de creencias; Energía y Tacto

3. Sistemas adictivos; Olfato y Gusto

La matriz del sistema corporal es la forma en que funcionan nuestros cuerpos. Nuestros sentidos, consciente, subconsciente, metaprogramas, órganos, sistemas, son la matriz de los sistemas corporales. Conocernos a "Nosotros mismos" es, literalmente, conocer las funciones y procesos de nuestro cuerpo, la forma en que somos como individuos. El solo hecho de conocer estas funciones y procesos nos ayuda a cambiar.

Sistema nervioso; Visual (VISTA)

Sistema respiratorio; Audición (SONIDO)

Sistema circulatorio; Táctil (TACTO)

Sistema Músculo-esquelético; Energético/Intuición (ENERGÍA)

Sistema reproductor; Olfativo (OLFATO)

Sistema digestivo; Gustativo (GUSTO)

Proceso de cuestionamiento en el orden de comenzar con la pregunta principal del sentido representado por el sistema corporal. Luego, haciendo ese lado del mapa corporal primero y luego cruzando.

Los modelos, procesos, creencias se hacen a partir de la matriz del sistema corporal. Estos son la base de la realidad de cada persona. Cambiar una creencia cambia nuestra realidad.

Estos modelos, procesos, creencias se pueden identificar a través del lenguaje corporal y lingüísticamente por las palabras que usamos para unir nuestras oraciones. Estos modelos, procesos, creencias pueden resultar en nuestras áreas problemáticas. Los problemas son el resultado directo de estar atrapado en estas áreas específicas; procesos, modelos, creencias, violando las funciones del proceso de comunicación y eventualmente simplemente causando el mismo problema del que somos conscientes pero sin conocer los procesos internos que causan los problemas. Entonces, nos ponemos en negación, rechazo y represión. Eventualmente, el cuerpo quedará marcado con este mismo proceso, modelo y creencia en el estado de negación atascado.

Decidiste no escuchar la retroalimentación del cuerpo y aprendiste formas de no escuchar la retroalimentación. Como seres humanos, es más natural para nosotros identificar lo que no queremos que identificar lo que queremos.

Las personas que no pueden visualizar con el ojo de su mente, no pueden ver las consecuencias de sus propios comportamientos. Controlar la respiración en diferentes áreas del cuerpo tiene un efecto diferente en el subconsciente.

Respirar en la parte alta del pecho hace que el Sentido de la Vista se active, esto es Crear Visualizaciones.

Respirar en el medio del cuerpo hace que se active el Sentido del Sonido.

Respirar en la parte inferior del cuerpo hace que el Tacto y la Intuición se activen.

Cuando la retroalimentación del cuerpo, es negada, reprimida, rechazada, el cuerpo no se sana a sí mismo. El problema, ya sea físico, mental o emocional, permanece crónico. La abstinencia de las drogas o el alcohol es un buen ejemplo de este proceso. Cuando el cuerpo tiene calambres, vómitos o diarrea, es el proceso del cuerpo de eliminación de las toxinas de los sistemas corporales. Cuando se administran otros medicamentos para detener el proceso del cuerpo hacia la plenitud nuevamente, el problema permanece en una etapa crónica.

Para alcanzar un estado de Integridad o Salud, el individuo, la familia, la sociedad, deben pasar por el estado agudo para llegar a la Salud y la Integridad. Una vez en el estado de Salud o Integridad, aparecen de nuevo las anomalías naturales y una vez más pasamos por otro estado agudo para lidiar con el estado crónico (anomalías) para volver a la Salud e Integridad, Repetir, repetir, repetir. No existe cura para los problemas de la vida, ya sean individuales o globales. Sin embargo, existen procesos naturales, incorporados en cada individuo humano para crecer, debido a los problemas de la vida. Ya sea que nos pertenezcan a nosotros como individuos o al mundo. Funciones corporales naturales, procesos internos y modelos de superación y crecimiento.

Sistemas Adictivos; Los Sistemas que están cerrados a formas naturales de retroalimentación se convierten en Sistemas Adictivos. Esto es cuando uno o más de los sistemas se han desplomado en otras partes del sistema quedando incompleto.

Las adicciones, ya sean drogas, alcohol, pensamientos negativos, sentimientos, comportamientos, tienen Líneas de Tiempo de las que no pueden desvincularse. Para cambiar la adicción, deben estar disociados de los eventos de la Línea de Tiempo o de la emoción que controla la adicción. Poder "mirar" el Tiempo es a través del tiempo. Ver el Tiempo del Pasado al Futuro. Ver a través del Tiempo ayuda a evaluar las consecuencias, las causas y los efectos. A través del Tiempo, las personas son individuos evaluativos. Las personas atrapadas en el Tiempo no pueden salir del dolor, los problemas, estas personas atrapadas en el Tiempo se involucran en las drogas o el alcohol u otros pensamientos adictivos, comportamientos que se autolimitan del crecimiento y el cambio. Todas las cosas que se hacen dentro de nuestros cuerpos tienen una intención positiva. Enfermedad, incomodidad, emoción, comportamiento, pensamiento, todas las cosas que el subconsciente controla son un estado de Integridad para el individuo.

Cambiar a un estado de Integridad no impide que un individuo pueda experimentar o hacer lo negativo, le permite al individuo elegir hacer lo negativo o elegir no hacer lo negativo. Para elegir no hacer nada, debe haber algo positivo que elegir hacer. La elección es el propósito final, no el control.

Cada sistema del cuerpo está destinado a ser un Sistema Abierto y parte de todo el sistema (Integridad), que es el sistema completo (Totalidad), cuando todos los sistemas están Abiertos y Correspondientes juntos, tenemos el Sistema Completo (Identidad). Cuando cualquier sistema está cerrado, en cualquier área, otro sistema corporal se desploma por el sistema cerrado. Este es el intento del sistema corporal de recuperar la Integridad. Cuando se desploma en otro sistema, la Identidad se pierde. Nuestro enemigo interno es nuestro auto-desplome para abrir nuestro sistema. Esto luego se convierte en el proceso adicto, "Sistema cerrado". Cuando se desploma, se desploma hacia el sistema corporal Correspondiente, como se ilustra en el mapa corporal. El sistema cerrado también se puede identificar con la lingüística, por las palabras utilizadas para describir el problema que tú u otra persona tienen. Las palabras correspondientes a cualquiera de los sistemas sensoriales, sus procesos, modelos y funciones identificarán el sistema corporal cerrado.

Como este proceso pertenece a los órdenes de activación sensorial, existe un patrón específico para pasar por los tres procesos o pasos de todos los sistemas completos explicados en estas páginas.

Los primeros tres sentidos activados son los Pasos uno, dos y tres en el paso y orden de activación. Los últimos tres pasos del proceso de cambio son la base del proceso de Sistema Abierto.

De hecho, el tercer sentido activado es donde el sistema se convierte en un sistema cerrado si el tercer sentido activado no se detiene para continuar con el proceso de éxito. El proceso del sentido tres tiene que detenerse o morir para que se active el sentido cuatro para comenzar el nuevo proceso. El tercer sentido activado es el sentido de "cruce", el punto de bifurcación donde el sistema nervioso central cruza de un lado del cuerpo al lado opuesto a través del orden de activación sensorial, sobre una base subconsciente. Se considera que este es el punto de cumplimiento del patrón de logro y éxito. Esta es la causa misma de que la mayoría de los sistemas cerrados no estén abiertos al cambio natural en sí y al crecimiento continuo para el que fuimos creados.

Si el tercer sentido activado es el sentido del olfato, entonces las estrategias del individuo deben detenerse, literalmente, para que se active el siguiente sentido. Las estrategias son la función principal del sentido del olfato. Las estrategias son una adaptación o un complejo de adaptaciones (como el comportamiento, el metabolismo o los procesos) que sirven o parecen cumplir una función importante para lograr el éxito evolutivo.

C A P Í T U L O 15

FÍSICA CUÁNTICA Y ELECCIÓN

IMPOSIBILIDAD DE HACER PUENTE

La imposibilidad de hacer puentes se refiere a las opciones, la elección es un síndrome de salto cuántico. Debes estar dispuesto a dejar ir para ser uno contigo mismo y con Dios y avanzar hacia las metas, nutrir el yo cuando los demás no están dispuestos a elegir ir contigo, eligen quedarse.

Mente, Emociones (espíritu) y Cuerpo tienen dos saltos cuánticos cada uno.

Saltos cuánticos:

-Correcto e incorrecto:

Correcto; Conforme o cómodo a la justicia, la ley. Continúa desde arriba. No espurio, genuino. Justo, sano, legal, adecuado. Hacia, a la derecha, en línea recta. Restaurar lo apropiado. Estar de acuerdo con lo que es justo, bueno o apropiado. Conforme a los hechos o la verdad.

Incorrecto; No conforme con los hechos o la verdad, incorrecto o erróneo. En un rumbo equivocado. A veces contrario a. Un acto injusto o lesivo. Desviarse o alterar. Principios, prácticas o conductas contrarias a la justicia, la bondad, la equidad o la ley. No es correcto o apropiado de acuerdo con un código, estándar o convención.

-Dios y el Yo:

Dios; La realidad suprema o definitiva; El Ser perfecto en poder, sabiduría y bondad que es adorado como creador y gobernante del universo. Un ser u objeto que se cree que tiene atributos y poderes sobrenaturales y que requiere la adoración humana, controlando un aspecto o parte de la realidad en particular.

El Yo; El ser total, esencial, particular de una persona. La persona entera de un individuo, la realización o encarnación de una abstracción. El carácter o comportamiento típico de un individuo. La unión de elementos (como cuerpo, emociones, pensamientos y sensaciones) que constituyen la individualidad e identidad de una persona. Del mismo carácter de principio a fin, del mismo material. Se han agregado al diccionario muchas palabras que comienzan con "Yo".

- Vida y Muerte:

Vida; La propiedad o calidad que distingue vivir. Continuar desde arriba. Un principio o fuerza que se considera subyacente a la cualidad distintiva de los seres animados. La secuencia del proceso físico de la vida. Una fase específica de la existencia terrenal. La forma o patrón de algo que existe en la realidad.

Muerte; El acto de morir, terminación de la vida. Un cese permanente de todas las funciones vitales. La causa u ocasión de la pérdida de la vida.

Estas síntesis con:

Sonido; Correcto - Vista; Incorrecto;

Tacto; Dios - Energía; Yo

Gusto; Vida - Olfato; Muerte

La elección de los tres primeros implica la elección de los tres últimos saltos. La resistencia ocurre cuando el Quantum asociado cambia (resto del conjunto) y no es puenteable. Cuando todos los estados cuánticos se vuelven puenteables, los saltos cuánticos se disuelven y ocurre la Conciencia de la Unidad. El séptimo sentido, el yo y el tiempo.

Los saltos cuánticos también aplicados entre el tercer y cuarto sentido activado como detalles de las formas de lidiar con las anomalías que aparecen en el tercer sentido activado, para poder continuar con el proceso de cambio transformador. El proceso de cambio Transformador evita que los sentidos se cierren y hace que la identidad crezca y progrese con éxito.

CONÓCETE A TI MISMO

Entonces…

SÁNATE A TI MISMO

Los seres humanos son seres increíbles, complicados. Cada individuo es creado como un Ser Completo, con muchos aspectos diferentes. Desde la historia registrada, la gente ha estudiado el Ser Completo en todos sus diferentes aspectos. A medida que pasa el tiempo, se descubren más y más aspectos de nuestro Ser. Se están descubriendo nuevos aspectos a medida que pasa el tiempo mientras otros seres humanos buscan diferentes aspectos de los Seres Humanos.

Estos son algunos de los aspectos de nuestro Ser Interior que se conocen hoy, muchos de estos aspectos se conocen desde hace bastante tiempo y tal vez otros Seres Humanos descubran aspectos nuevos a medida que pasa el tiempo.

Subjetividad; El efecto del observador sobre lo observado.

Las peligrosas consecuencias de vivir nuestras vidas cuando nuestro yo interior es un misterio para nosotros.

INTEGRIDAD:

Integridad; La condición de ser íntegro o completo. Integrar es el proceso de hacer un todo. La integración existe porque la estructura y los procesos de los sistemas naturales están unificados de manera que hacen que las partes trabajen juntas en similitud paralela y correspondencia. El Verdadero Yo Natural.

Teoría de la Transformación Humana, la forma en que desarrollamos modelos, paradigmas y visiones del mundo.

Las integraciones, conceptos, principios y modelos trabajan juntos.

Hechos:

1. Los seres humanos somos sistemas naturales

2. Los seres humanos son sistemas

3. El sistema humano está compuesto por partes o elementos.

Sistema; una entidad o agregación de elementos o partes que forman un todo completo o una totalidad.

Los Saltos Cuánticos son un Continuo. Un continuo es un todo coherente caracterizado como una colección, secuencia o progresión de valores o Elementos que varían en grados ínfimos. **Lo bueno y lo malo se encuentran en los extremos opuestos de un continuo en lugar de describir las dos mitades de una línea. (Wayne Shumaker).**

El conjunto de números reales incluye tanto los racionales como los irracionales: en general; un conjunto compacto que no se puede separar en dos conjuntos ninguno de los cuales contiene un punto límite del otro. Es continuo.

Debe haber oposición en todas las cosas y los Saltos Cuánticos son opuestos; Correcto/Incorrecto, Dios/Yo, Vida/Muerte. Cada una de las

Funciones Abstractas o Conscientes se aplica a cada Quantum en relación con su posición en el Mapa Humano Holográfico, así como con el sentido en el que se encuentra.

No puede haber Correcto sin Incorrecto ni Incorrecto sin Correcto. No puede haber Dios sin el Yo ni el Yo sin Dios. No hay Vida sin Muerte ni Muerte sin Vida. He oído decir que en un "sentido", no hay Correcto ni Incorrecto, no hay Dios ni el Yo, no hay Vida ni Muerte. Escoge por ti mismo, pero no dejes que las interpretaciones del hombre te desvíen. También se dice en las escrituras que Lucifer te dirá 99 verdades para hacer que creas una mentira.

Los 3 elementos del ser humano; 1) Mente, 2) Emociones, 3) Cuerpo

Nuestra Mente nos hace Naturales, Nuestra Emoción nos hace Sistemas y nuestro Cuerpo nos hace humanos compuestos de partes o elementos.

Ley o Principio Universal; Similitud y Correspondencia

Correspondencia; La naturaleza tiene partes o procesos en cualquier nivel, de la misma forma, que resuenan como uno.

Principio de Correspondencia; Las Partes Similares cambian juntas. Ejemplo; 2 electrones cuando 1 cambia su espín, el otro 1 también cambia.

Sistemas Humanos; 3 Funciones Básicas:

1. Base de Identidad o Personalidad

2. Funciones de Comunicación y Procesamiento de la Información

3. Creación

Elemento de cada sistema del Ser Natural; 1) Mente, 2) Emoción, 3) Cuerpo

Funciones de cada Elemento del Ser Natural; 1) Identidad, 2) Comunicación, 3) Creación

Funciones abstractas de nivel superior, pensando para cada uno de los sentidos.

Unidad; Aspectos Unificadores de los Sistemas Naturalmente Integrados. La Totalidad de partes relacionadas que es un todo complejo.

Principio de Unidad; Cualidad o Estado de hacerse "Uno", continuidad sin desviaciones o cambios como en el Propósito de las Acciones.

Sistemas Integradores; Los Elementos están interrelacionados y son interdependientes. Cambiar 1 elemento de un sistema integrador afecta al resto del sistema.

Cambiar una parte de un sistema cambia todas las demás.

El sistema humano es un sistema Completo, por lo que puede unificar partes que son muy diferentes.

Correspondencia; unión de partes similares

Unidad; unión de partes diferentes

Campo de Conciencia/Personalidad; la suma total de todos los movimientos que representan nuestro procesamiento interno.

Campo; un ámbito de actividad, una región del espacio caracterizada por una propiedad física. (Como la fuerza gravitacional, donde cada punto de la región tiene un efecto o valor determinable).

La Conciencia Humana es un Campo

Campo mental; piensa, razona, reflexiona, lógico, objetivo, forma jerarquías, centro consciente de Identidad/Personalidad.

Los Sistemas Vivos son Sistemas Abiertos, los Sistemas Abiertos reciben retroalimentación, datos, energía del entorno.

Modalidades, canales para recibir la entrada del entorno.

7 sentidos; modalidades de recepción y procesamiento. Sonido, Vista, Tacto, Energía, Gusto, Olfato y Tiempo/Yo.

Recibe datos, intercambia funciones de procesamiento interno y procesa información.

Integración, hacer un todo, esto funciona debido a los Principios de Unidad y Correspondencia y El Principio de Realidad y El Principio de Integridad.

Secuencia de Procesamiento de Datos:

1. Recepción

2. Procesamiento (internamente)

3. Almacenamiento (como Modelos y Recuerdos)

4. Transmisión (Modelos y Recuerdos transmitidos a través del lenguaje, comportamientos, enfermedades)

Submodalidades, Modalidades divididas en trozos más pequeños, desgloses más detallados.

Simbolizando, a través de las Modalidades y/o las Sub modalidades.

Siempre hay un punto de Transición o Cruce. Hemos mencionado antes de un 7mo sentido, un sentido del Yo y/o un sentido del Tiempo. Este 7mo sentido tiene la pregunta principal "¿Cuándo?". Al igual que con los otros Quantum, este sentido también representa las otras Funciones Subconscientes Abstractas y Conscientes que ya forman parte de esto en el Mapa Humano Holográfico. Este 7mo sentido, relacionado con el Salto Cuántico, representa el "Gran Yo Soy" y el "Eterno Ahora".

Es el Punto de Transición que lleva el Quantum a hacer un Salto, el Punto de Cruce de un lado del Mapa al lado opuesto. El Salto Cuántico comienza en el centro, en el Gran Yo Soy y el Eterno Ahora, va desde allí a la parte superior izquierda del mapa (Incorrecto), baja al Yo, luego a la Muerte. Este proceso completa el lado izquierdo del Mapa Corporal y los Quantum continúan en el punto de Transición o Cruce. El Centro del Mapa, el Gran Yo Soy, Eterno Ahora, desde aquí el Salto Cuántico continúa hacia el lado superior derecho del Mapa Humano Holográfico, (Correcto), continuando hacia abajo desde aquí hasta el centro derecho, "Dios", y luego hasta la "Vida". De la Vida, los Saltos Cuánticos continúan hacia el centro, el Punto de Transición, el Cruce, "¿Cuándo?" el Gran Yo Soy, el Eterno Ahora.

Mente; Correcto e Incorrecto

Emoción; Dios y el Yo

Cuerpo; Vida y Muerte

Dos saltos cuánticos cada uno para Mente, Emoción y Cuerpo.

Sistema de Energía; corrientes de energía invisible fluyen a través del cuerpo para revitalizar y regenerar las células y los sistemas corporales. Este sistema "Puede" ser bloqueado por cosas como la ansiedad, depresión, ira, miedos y antojos.

Personalidad; un patrón de comportamientos de carácter colectivo, rasgos temporales, emocionales y mentales.

MODALIDAD DE REFERENCIA ORDEN DE ACTIVACIÓN DE LA PERSONALIDAD

Secuencias Universales de orden de activación, desde el 1er sentido activado hay un patrón específico de sentido activado.

Sentidos de Referencia; 1ro y 4to

Sentidos de Decisión; 2do y 5to
Sentidos Motivadores; 3ro y 6to

Ciclos de procesamiento, patrones generales de activación.

Los primeros 3 sentidos activados son referencias Externas y procesadas. La forma en que procesamos también el Entorno, externo.

Los últimos 3 sentidos activados son referencias Internas y procesadas. Son los sentidos los que procesamos nosotros mismos.

S es el símbolo en la Física que significa Entropía.

La entropía puede describirse y aplicarse de numerosas formas a numerosas cosas naturales y creadas por el hombre en nuestras vidas. Se trata de un Desorden Estadístico (energía), una medida de la energía no disponible que existe en un sistema cerrado y que también suele considerarse una medida del Desorden del sistema. Es una propiedad del estado del Sistema y varía directamente con cualquier cambio reversible en el sistema. El grado de desorden o incertidumbre de un sistema. Es un ciclo natural de cualquier sistema con la intención de crecimiento continuo e Integridad para todo el sistema. Un proceso natural de degradación de la materia y la energía en el universo hasta un estado final de uniformidad inerte, un proceso de degradación o deterioro o una tendencia al desorden.

Cualquier sistema debe seguir creciendo. Incluso cuando se alcanza el éxito, el sistema ha cumplido su propósito y el propósito debe seguir por lo que el crecimiento es inevitable. El crecimiento, por definición, es continuo.

Anomalías; Son los eventos, condiciones, procesos, que varían de la norma o plan original o la Fase de Formación de todas las cosas hechas por el hombre o naturales. Estas anomalías son la energía no disponible, no calificada, originada desde el Principio o Fase de Formación. La información que va en contra de la norma, las creencias del sistema. Son defectos, ya una parte del sistema desde el principio que detiene el crecimiento del sistema.

Anomalías vienen a hacer que las partes que faltan del Sistema Completo regresen.

El grado de severidad de la Anomalía es indicativo del grado de desorden o incertidumbre del sistema desde el principio que es capaz de hacer un cambio reversible. Por lo tanto, las Anomalías no están exentas de lo posible y del potencial del cambio en el sistema.

El propósito o intención de las Anomalías en sí es hacer que las partes faltantes del sistema sean un todo de nuevo. Cada sistema de funcionamiento es un sistema completo y debe cambiar y crecer para seguir siendo un Sistema Completo.

Cuando aparecen las Anomalías, el crecimiento se logra nuevamente Integrando las diferencias y modificaciones en el patrón original o Fase de Formación.

La integridad es la intención Principal por la que las Anomalías trabajan naturalmente.

Integrar; existe debido a la estructura, y los procesos de los Sistemas Naturales están unificados de manera que hacen que las partes trabajen juntas, en paralelo a través de las Leyes de Similitud y Correspondencia. Integraciones de Conceptos, Principios y Modelos que trabajan juntos. Los elementos están interrelacionados y son interdependientes sin Desviaciones o cambios como en el Propósito de Acción, Principio, Fase de Formación.

La Unidad en la Física son los aspectos unificadores de los Sistemas Naturalmente Integrados, con una cualidad o estado de ser Múltiples.

La Intención es la determinación del sistema, la Inercia del Sistema, desde el Principio.

Concepto; Algo concebido en la mente, pensamientos, movimiento.

Principios; Ley fundamental, supuestos, leyes o hechos de la naturaleza, y vivir el funcionamiento de un dispositivo artificial (axioma).

Similitudes/Correspondencia; Conceptos/Principios/Modelos

Interrelacionados/Interdependientes sin Desviaciones o cambio en el Propósito de Acción.

Teoría de la Transformación: Humano Holográfico

Similitudes/Correspondencia; Conceptos/Principios/Modelos

Interrelacionados/Interdependientes sin Desviaciones o cambio en el Propósito de Acción.

CAPÍTULO 16

FÍSICA DEL TIEMPO

Tómate el Tiempo para cambiar el Continuo del Desorden Natural que acaba de ocurrir en el Futuro. Para cambiar por Naturaleza, la Función y la Condición deben cambiar.

Para Transformar, cambiar la Función, la Función se cambia por; La función representa el PROPÓSITO de una acción específicamente adaptado o utilizado o para el cual algo existe. Grupos de Elementos o acciones relacionadas que contribuyen a una acción más amplia. Correspondencia Matemática que asigna exactamente un Elemento de un conjunto a cada Elemento del mismo u otro conjunto. Una variable (como cualidad, rasgo o medida), que depende y varía con otra. La Función se relaciona con el rendimiento. La correspondencia rige la Función.

La palabra "De" se utiliza para representar la Función. "De" indica el Componente Material, las Partes o Elementos o Contenidos. "De" como palabra de Función indica una parte o un punto de Estimación, Origen o Derivación, así como una Causa, Motivo o Razón. La palabra "De" se utiliza para indicar un todo o una cantidad de la cual una Parte se Quita (Elimina) o se Expande (Inserta) o Reordena (Modifica), para indicar Relaciones (Correspondencia) entre un resultado determinado por una Función u Operación (Proceso) y una entidad básica (como variable independiente), para indicar posesiones características o distintivas, posesión en el Tiempo. Otras formas de usar la palabra "De" indicando Función: como por, como, como para, sobre, en base, concerniente, perteneciente.

La Disfunción es un resultado en el cual el Origen, Propósito y Proceso se desvían de sí mismos. Otra forma de decir esto es cuando estás fuera de pista.

TRANSFORMACIÓN:

1. Eliminar

2. Insertar

3. Modificar

Integrar (Unidad), el sentido de lo correcto e incorrecto.

$E=mc2$

E/ Energía; Diferencia de Potencial =

m/ Masa; el todo

c/ Velocidad de la Luz;

O (con una línea que la atraviesa)/Energía usada para responder,

X/Tiempo/ X=Posición

Fijar en el TIEMPO, en cualquier orden de precisión, un AHORA (presente) absolutamente riguroso como un PUNTO DE TIEMPO. Poder indicar puntos de tiempo, uno de los cuales será siempre el antes y el otro el después.

Así como fijamos el momento presente ("ahora") como un punto geométrico del tiempo, también fijamos un "aquí", un punto en el espacio, como el primer elemento de extensión espacial continua, que, como el tiempo, es infinitamente divisible. El espacio no es un continuo unidimensional como el tiempo. El principio por el cual se amplía continuamente no puede reducirse a la simple relación de "antes" o "después". Precisamente el mismo contenido, idénticamente la misma cosa, la porción restante del Espacio "S", entonces ocupada por él es igual a la porción S, que realmente ocupó. Se dice que S y "S" son Congruentes. A cada punto E (Elemento) de S, le corresponde un punto Correspondiente (C) definido (Elemento) C1 de "S", que, después del desplazamiento anterior a una Nueva posición, estaría rodeado exactamente por la misma parte del Elemento dado como el que rodeaba a C originalmente. A esto lo llamaremos "Transformación" (en virtud de la cual el punto C1 corresponde al punto E) una Transformación Correspondiente.

En primer lugar, la Línea Recta, su rasgo distintivo es que está determinada por dos de sus puntos. Cualquier otra línea, incluso cuando dos de sus puntos se mantienen fijos, puede llevarse a otra posición mediante una Transformación Correspondiente (la prueba de rectitud).

Izquierda y Derecha son equivalentes. Hay una transformación congruente que deja A fija, pero que intercambia las dos mitades en A, divide la línea recta.

La característica principal de la transformación es que todos los puntos tienen la misma importancia en ella, y que el comportamiento de un punto durante la transformación no permite hacer ninguna afirmación objetiva sobre él, que no podría hacerse igualmente bien sobre cualquier otro punto (esto significa que los puntos de espacio para una traslación determinada solo se pueden distinguir especificando cada uno de forma individual ("esa única vez"), mientras que en el caso de la rotación, por ejemplo, los puntos sobre el eje se distinguen por la propiedad que conservan en sus posiciones). Las Traslaciones, al ser Transformaciones, poseen la propiedad de "grupo". No hay traslación que transforme A en A excepto la Identidad, en la que cada punto permanece inalterado, en cuanto a Identidad.

Las cantidades que describen cómo el estado de un sistema físico extendido espacialmente varía de un punto a otro no tienen un valor distinto sino solo uno "para cada punto". En consecuencia, se trata de una identidad, emoción, conocimiento, hablamos una identidad, emoción o campo de conocimiento y Elementos.

La Ley de Continuidad rige no solo la acción de las cosas físicas entre sí, sino también las interacciones psicofísicas. La dirección en la que observamos los objetos está determinada no solo por los lugares que ocupan, sino también por la dirección del rayo de luz desde ellos que incide en la retina, es decir, por el estado del campo óptico directamente en contacto con ese elusivo cuerpo de realidad cuya esencia es tener un mundo objetivo presentado en forma de experiencias de conciencia.

Según la Ley de Atracción, la fuerza gravitacional con la que un punto-masa actúa sobre otro en un momento determinado es un vector, en el espacio, que es independiente del sistema de coordenadas (como también lo es el vector que conecta las posiciones simultáneas del punto y las masas entre sí). Toda fuerza, sea cual sea su origen físico, debe ser del mismo tipo de magnitud, esto está implicado en los supuestos de la mecánica Newtoniana, que exige una física que satisfaga este supuesto para poder dar contenido a su concepción de la fuerza.

Según la mecánica Newtoniana, el centro de inercia de todo sistema aislado no sujeto a fuerzas externas se mueve en línea recta.

En el principio de relatividad del Espacio-Tiempo, el espacio y el tiempo son sistemas de coordenadas de un punto del mundo referidos a un sistema permanente definido en el espacio. Cuando las coordenadas del mismo punto relativas a un segundo sistema de este tipo, que puede moverse arbitrariamente con respecto al primer sistema, están conectadas por la fórmula de transformación. Se aclaró que dos series de estados físicos o fases no pueden distinguirse entre sí de una manera objetiva, si la fase-cantidades de una está representada por las mismas funciones matemáticas que las que describen el primer sistema.

Hemos discutido el Espacio, el Tiempo, la Materia, los Campos Electromagnéticos Gravitacionales. Algunos sobre la teoría y las leyes de Einstein, Mie, Max Planck y Newton. Como puedes ver claramente, la física afecta no solo nuestras percepciones de la realidad, sino también a la realidad misma. Afecta nuestros comportamientos, nuestras circunstancias, incluso nuestros pensamientos. Así como nuestros cuerpos humanos están compuestos por muchos sistemas diferentes, cada uno de estos sistemas son en realidad sistemas coordinados entre sí. Independientemente, tienen sus propias funciones y procesos, pero de manera dependiente, incluso sus contenidos y contextos son interdependientes e interrelacionados con otros sistemas.

Todos los sistemas conocidos y los sistemas de coordenadas conocidos por el hombre, y más de los que el hombre todavía no puede ser consciente, afectan nuestra vida diaria, nuestras funciones y nuestros sistemas.

Las leyes de la física y la física cuántica se han aplicado a la humanidad desde sus inicios. Albert Einstein y muchos otros científicos las estudiaron para comprender mejor a la humanidad y al ser humano.

CAPÍTULO 17

RESUMEN DE LA TEORÍA DE LA TRANSFORMACIÓN HUMANA HOLOGRÁFICA

Integridad - Totalidades:

Tiempo; Pasado, Presente, Futuro

Familia; Padre, Madre, Hijo

Comunicación; Transmitir, Recibir, Mensaje **Realidad;** Espacio, Tiempo, Materia

Pecado; Culpa, Vergüenza, Miedo

Amor; Fe, Esperanza, Caridad

Sanación; Espiritual, Energética, Física

Al leer el mapa del lenguaje corporal, ten en cuenta la regla de los dos segundos. La regla de los dos segundos es que cuando a una persona se le hace una pregunta o simplemente procesa algo en su mente, tendrá algunos gestos o movimientos en el área de su cuerpo que se correlacionan con ese sentido del mapa del lenguaje corporal dentro de los siguientes dos segundos de pensar en la pregunta o simplemente procesar la información contenida en ese sentido. Al leer el mapa del cuerpo humano, el área del cuerpo que no se mueve, ni gesticula, es el sentido con el que el bloqueo o problema está relacionado con el tema del que la persona está hablando.

La persona no necesita estar hablando para poder leer esto basándose en el mapa corporal. Recordando la regla de los dos segundos.

Los pensamientos pueden venir en forma de imágenes o palabras, sonidos como diálogos internos, emociones de naturaleza tanto positiva como negativa, sensaciones físicas de dolor, enfermedad, sabores y olores y energía o intuiciones y solo un sentido de ser o un sentido del tiempo.

Los Hologramas son totalidades y sistemas completos; El universo por naturaleza es Holográfico y también lo son los seres humanos y el cuerpo humano. La conciencia humana es holográfica al igual que el procesamiento interno y sus modelos resultantes, surgen de forma natural.

Hay tres aspectos de la naturaleza; estructura, patrones y procesos.

El mundo está compuesto por dos sistemas diferentes: los sistemas naturales y los sistemas creados por el hombre.

Existe una forma universal conocida como modelo de integridad, compuesta de tres niveles elementales y un nivel de totalidad, que se aplican a todo lo viviente.

La naturaleza se desplomará para llevarnos a nuestros patrones y procesos.

¿Cuáles son nuestros patrones y procesos?

Serás expulsado del centro de ti mismo. Eso es lo que pasa en el cáncer. Te estás tirando a ti mismo y si no vuelves al centro de ti mismo, morirás. El cáncer sucede como retroalimentación para convertirte en un tapete. Puedes anular la elección de ser un tapete.

La ira viene porque tienes estándares y no los quieres, quieres otros estándares; deseas tomar otros estándares y conectarlos al tuyo.

El sistema humano: Elemento Mente, Elemento Emoción y Elemento Cuerpo

El sistema humano tiene tres funciones básicas:

Elemento; Identidad, Base de Identidad y Personalidad

Elemento; Comunicación/Procesamiento de la información y Funciones

Elemento; Creación

Debido a que los sistemas humanos están integrados, es posible observar el procesamiento de la información humana como movimiento corporal. Movimiento es igual a significado.

La naturaleza optimiza los sistemas al tener partes o procesos en cualquier nivel que tienen la misma forma para resonar juntos y corresponder como uno.

¿Qué parte del avión vuela o del coche corre? Es la relación de correspondencia, unificación, integridad lo que permite que el avión vuele, el automóvil opere y los humanos funcionen correctamente.

No eres tus sentidos, tus órganos internos. Tus experiencias, recuerdos, modelos, procesos, etc. Eres la totalidad combinada, todo el sistema totalizado.

Esto se conoce como Sinergia. La Sinergia se define como el todo mayor que la suma de sus partes.

TEORIA DE LA TRANSFORMACION HUMANA HOLOGRÁFICA

Basado en la forma en que desarrollamos Modelos, Procesos, Creencias (Visiones del mundo). A través de la Integración, los Conceptos, Principios y Modelos trabajan juntos.

Conciencia de un Campo de Personalidad, la suma total de todos los momentos que representan nuestro Procesamiento Interno.

Nuestro Campo de Conciencia es el ámbito de actividad, la región del Espacio caracterizada por una propiedad física (como la fuerza gravitacional), donde cada parte de la región tiene un afecto o valor determinable.

La Conciencia y Personalidad Humana, los Sistemas de Información y Procesamiento son Dimensiones y tienen una ubicación específica.

El Campo Mental piensa, razona, refleja, es lógico, objetivo, forma jerarquías, centro consciente de todo nuestro ser.

Los Hologramas son Sistemas Completos (TOTALIDAD), LOS HUMANOS SON HOLOGRAMAS.

El Mundo se compone de 2 Sistemas de Totalidad diferentes:

1.   Sistemas Naturales

2.   Sistemas Hechos por el Hombre

TIEMPO; El Tiempo, en sí mismo, es la medida del período medible durante el cual una acción, proceso o condición existe o continúa. El tiempo no es espacial, y su continuo se mide en términos de los eventos que se suceden desde el pasado hasta el presente y hacia el futuro.

Uno de una serie de instancias recurrentes o acciones repetidas, cantidades o instancias agregadas o acumuladas. Duración finita a infinita.

Se hace referencia al tiempo con varias palabras como;

Sin embargo, Todavía; (es el mismo tiempo)

A veces (a intervalos)

Por el momento (por el presente)

De vez en cuando (Ocasionalmente)

En poco tiempo (Muy rápido o pronto)

A tiempo (lo suficientemente temprano)

Una y otra vez (con frecuencia, repetidamente)

Todas estas se refieren a acciones, procesos o condiciones.

El tiempo mismo está naturalmente diseñado para hacer que las acciones, los procesos o las condiciones del Futuro se conviertan naturalmente en un estado de Desorden. Esta es una parte muy natural del tiempo, ya que las acciones, los procesos o las condiciones deben cambiar constantemente para el movimiento Futuro. Hay muchos aspectos que muestran la forma en que la Tierra, la Humanidad, los negocios, la vida misma está en constante cambio.

En realidad, el Tiempo se puede utilizar en sí mismo para ser parte de poder cambiar el continuo del Desorden Natural de Movimientos Futuros (Tiempo), mediciones entre acciones, procesos o condiciones.

Este Desorden Natural se debe en parte a la energía no disponible en cualquier Sistema Cerrado y cualquier Sistema se convierte en un Sistema Cerrado cuando no cambia constantemente entre medidas pasadas, presentes y futuras, que es el significado y la Función del Tiempo.

La energía No Disponible en un sistema cerrado variará directamente con cualquier cambio reversible dependiendo del grado de desorden requerido para el grado de cambio para acciones, procesos o condiciones Futuras, dentro de cualquier sistema dado.

LEYES FÍSICAS Y TEORÍA HUMANA HOLOGRÁFICA

Expansión de Similitud, Evento de Desviación de Unidad, condición y tiempos de proceso por Multiplicando.

La Correspondencia rige la Función. La naturaleza tiene partes o procesos en cualquier nivel, de la misma forma, que resuenan como uno. Las partes similares cambian juntas. Ejemplo, 2 electrones, cuando 1 cambia su espín, el otro 1 cambia también su espín. La Totalidad de las partes relacionadas que están en un todo complejo se corresponden naturalmente y se afectan entre sí, dejando el Multiplicando sin cambios.

La Integridad es la condición de ser Integral o completo, integrar es el proceso de hacer el Todo. La Integridad existe porque la estructura y los procesos de los Sistemas Naturales están Unificados de una manera que hace que las partes trabajen juntas en Paralelo, Similitudes y Correspondencia.

Ciclos de Entropía; Un desorden estadístico de la energía. El ciclo de la entropía es una medida de la energía no disponible en un Sistema Cerrado que también suele considerarse una medida del Desorden del Sistema. Es una propiedad del estado del Sistema y variará en relación directa con cualquier cambio Reversible en el Sistema y con respecto a los factores de Tiempo del Desorden de la energía del Sistema, la cual no está disponible y causa el Desorden. La degradación de la materia y la energía en el universo hasta el estado definitivo de Uniformidad inerte, el proceso de degradación o el agotamiento o la tendencia Natural al Desorden.

Anomalías; Información que va en contra de las creencias normales del Sistema. Son los defectos que ya forman parte del Sistema desde el principio y evitan que el Sistema crezca basándose únicamente en el Orden Natural del Tiempo y el Futuro y el Desorden.

Realidad; Tiempo, Espacio y Materia

Desorden Natural; Desorden Discontinuo; Identidad Impredecible;

Desamparado, desesperado, inútil, son palabras clave de que el individuo ya no vive en su propio espacio, entorno, El Yo. Hay demasiada basura para vivir allí. Cuanto más nos movemos hacia la estructura (espacio, entorno, el yo), más efectivos somos. Cuanto más nos alejamos, negamos, rechazamos y reprimimos, cuanto más abstractos nos volvemos, menos efectivos nos volvemos. Entonces, pensar o hablar sobre un problema no ayuda. Debemos lidiar con el modelo o estructuras del problema y seremos más efectivos. **EL YO.**

Los seres humanos como individuos están creados para autoorganizarse, para tener unidad, correspondencia, similitudes dentro del yo. Cuando estos no se escuchan y no se responden entre sí, hay deterioro. Esto sucede tanto de forma individual como en familias, comunidades, países y el mundo. Una vez que el sistema está en declive, se mueve rápidamente hacia el caos (desorden). El caos en la física es una forma de desorden que es discontinuo y no lineal, pero no es un desorden y degeneración totalmente aleatorios.

Estabilidad (orden)---------Caos (desorden)---------Aleatoriedad (desorden total) Entre estabilidad y caos y aleatoriedad y caos está lo que se conoce como estados alejados de equilibrio. Estos estados aceleran la eliminación de las limitaciones impuestas al sistema. Desde este punto de vista, el desorden puede verse como la forma que tiene la naturaleza de lograr el éxito.

Cuando la retroalimentación del cuerpo, es negada, reprimida, rechazada, el cuerpo no se sana a sí mismo. El problema, ya sea físico, mental o emocional, permanece crónico. La abstinencia de las drogas o el alcohol es un buen ejemplo de este proceso. Cuando el cuerpo tiene calambres, vómitos o diarrea, es el proceso del cuerpo de eliminación de las toxinas de los sistemas corporales. Cuando se administran otros medicamentos para detener el proceso del cuerpo hacia la plenitud nuevamente, el problema permanece en una etapa crónica.

Para alcanzar un estado de Integridad o Salud, el individuo, la familia, la sociedad, etc., deben pasar por el estado agudo para llegar a la Salud y la Integridad. Una vez en el estado de Salud o Integridad, aparecen de nuevo las anomalías naturales y una vez más pasamos por otro estado agudo para lidiar con el estado crónico (anomalías) para volver a la Salud e Integridad, Repetir, repetir, repetir. No existe cura para los problemas de la vida, ya sean individuales o globales. Sin embargo, existen procesos naturales, incorporados en cada individuo humano para crecer, debido a los problemas de la vida. Ya sea que nos pertenezcan a nosotros como individuos o al mundo. Funciones corporales naturales, procesos internos y modelos de superación y crecimiento.

Sistemas Adictivos; Los Sistemas que están cerrados a formas naturales de retroalimentación se convierten en Sistemas Adictivos. Esto es cuando uno o más de los sistemas se han desplomado en otras partes del sistema quedando incompleto.

Las adicciones, ya sean drogas, alcohol, pensamientos negativos, sentimientos, comportamientos, tienen Líneas de Tiempo de las que no pueden desvincularse. Para cambiar la adicción, deben estar disociados de los eventos de la Línea de Tiempo o de la emoción que controla la adicción. Poder "mirar" el Tiempo es a través del tiempo. Ver el Tiempo del Pasado al Futuro. Ver a través del Tiempo ayuda a evaluar las consecuencias, las causas y los efectos. A través del Tiempo, las personas son individuos evaluativos. Las personas atrapadas en el Tiempo no pueden salir del dolor, los problemas, estas personas atrapadas en el Tiempo se involucran en las drogas o el alcohol u otros pensamientos adictivos, comportamientos que se autolimitan del crecimiento y el cambio. Todas las cosas que se hacen dentro de nuestros cuerpos tienen una intención positiva. Enfermedad, incomodidad, emoción, comportamiento, pensamiento, todas las cosas que el subconsciente controla son un estado de Integridad para el individuo.

Cambiar a un estado de Integridad no impide que un individuo pueda experimentar o hacer lo negativo, le permite al individuo elegir hacer lo negativo o elegir no hacer lo negativo. Para elegir no hacer nada, debe haber algo positivo que elegir hacer. La elección es el propósito final, no el control.

Cada sistema del cuerpo está destinado a ser un Sistema Abierto y parte de todo el sistema (Integridad), que es el sistema completo (Totalidad), cuando todos los sistemas están Abiertos y Correspondientes juntos, tenemos el Sistema Completo (Identidad). Cuando cualquier sistema está cerrado, en cualquier área, otro sistema corporal se desploma por el sistema cerrado. Este es el intento del sistema corporal de recuperar la Integridad. Cuando se desploma en otro sistema, la Identidad se pierde. Nuestro enemigo interno es nuestro auto-desplome para abrir nuestro sistema. Esto luego se convierte en el proceso adicto, "Sistema cerrado". Cuando se desploma, se desploma hacia el sistema corporal Correspondiente, como se ilustra en el mapa corporal. El sistema cerrado también se puede identificar con la lingüística, por las palabras utilizadas para describir el problema que tú u otra persona tienen. Las palabras correspondientes a cualquiera de los sistemas sensoriales, sus procesos, modelos y funciones identificarán el sistema corporal cerrado.

Como este proceso pertenece a los órdenes de activación sensorial, existe un patrón específico para pasar por los tres procesos o pasos de todos los sistemas completos explicados en estas páginas.

Los primeros tres sentidos activados son los Pasos uno, dos y tres en el paso y orden de activación. Los últimos tres pasos del proceso de cambio son la base del proceso de Sistema Abierto.

De hecho, el tercer sentido activado es donde el sistema se convierte en un sistema cerrado si el tercer sentido activado no se detiene para continuar con el proceso de éxito. El proceso del sentido tres tiene que detenerse o morir para que se active el sentido cuatro para comenzar el nuevo proceso. El tercer sentido activado es el sentido de "cruce", el punto de bifurcación donde el sistema nervioso central cruza de un lado del cuerpo al lado opuesto a través del orden de activación sensorial, sobre una base subconsciente. Se considera que este es el punto de cumplimiento del patrón de logro y éxito. Esta es la causa misma de que la mayoría de los Sistemas Cerrados no estén Abiertos al cambio natural en sí y al crecimiento continuo para el que fuimos creados.

Si el tercer sentido activado es el sentido del olfato, entonces las estrategias del individuo deben detenerse, literalmente, para que se active el siguiente sentido. Las estrategias son la función principal del sentido del olfato. Las estrategias son una adaptación o un complejo de adaptaciones (como el comportamiento, el metabolismo o los procesos) que sirven o parecen cumplir una función importante para lograr el éxito evolutivo.

CONÓCETE A TI MISMO

Luego

SÁNATE A TI MISMO

Luego

SANA A LOS DEMÁS

1. **CONÓCETE A TI MISMO**

2. **SÁNATE A TI MISMO**

3. **CONOCE Y SANA A LOS DEMÁS**

Este proceso debe suceder antes de que podamos realmente Conocer a los Demás y luego Sanar a los Demás. Como dijo Jesús, primero debemos sacar la viga de nuestro propio ojo antes de poder sacarla del ojo de otro.

Una persona no se hace adicto, alcohólico. Se necesitó un equipo para traernos aquí y se necesita un equipo para sacarnos y mantenernos fuera.

Este equipo es la familia. La familia es la forma en que fuimos creados. Ya sea casado o soltero, se necesitan un hombre y una mujer para crear un hijo, a esto lo llamamos familia. La educación es importante para niños y adultos. El diccionario define educar como sacar. La familia debe sacar los aspectos de cada individuo. Las cualidades, habilidades, talentos y la familia deben tener un sentido común entre los miembros y en el entorno familiar. El modelo familiar de unidad y seguridad en su entorno es el mismo modelo que los individuos usarán en la sociedad. Una vez que los individuos conocen sus talentos y habilidades, aprenden a armonizarlos en el entorno familiar para lograr un sentido de equilibrio.

El entorno incluye las respuestas y reacciones del cuerpo a diferentes pensamientos, sentimientos, comportamientos, etc. Esta respuesta ambiental refleja el entorno externo al que el individuo ha sido entrenado para responder.

El subconsciente codifica las cosas donde pensamos en ellas. Esto se aplica al Mapa Corporal y a otros puntos gatillo de recuerdos, programas, procesos, modelos.

Los niños se reflejarán en sus padres, otros hermanos, la familia, la comunidad. Áreas que los padres están negando, estas negaciones pueden ser sobre necesidades reprimidas, necesidades negadas, necesidades rechazadas, impulsos de talento.

Las Escrituras dicen que "los pecados de los padres están sobre la cabeza de los hijos durante 4 generaciones".

Debemos cambiarnos a nosotros mismos antes de que podamos ayudar a otro a cambiar. Para cambiar uno mismo, primero uno debe conocerse a sí mismo. Aunque puedas pensar que te conoces a ti mismo, si tienes problemas personales que no puedes superar, si tienes metas personales por las que te esfuerzas y que no puedes alcanzar, entonces no te conoces a ti mismo realmente. Creo que el Señor no nos da problemas que no podamos superar. Creo que si tenemos un objetivo por el que seguimos luchando, siempre tenemos los medios y las habilidades para alcanzar ese objetivo.

Una excelente manera de verdaderamente conocerte a ti mismo es conocer tu yo interior, tu yo subconsciente. Si solo te conoces a ti mismo conscientemente, y aun así no puedes superar o alcanzar lo que tu consciente sabe, conoce tu yo subconsciente y entonces conscientemente puedes superar mejor tus problemas, conscientemente podrás alcanzar tus metas conscientes. El consciente puede anular el subconsciente. Primero el consciente debe conocer los programas subconscientes que se están ejecutando.

Todos tenemos META-PROGRAMAS o PARADIGMAS en nuestro subconsciente. Los programas que ejecuta nuestro cuerpo, cerebro y procesos emocionales y funciones crean automáticamente nuestras respuestas conscientes.

Estos Paradigmas o Metaprogramas se han creado a lo largo de la vida de un individuo, basándose en muchos aspectos de la experiencia de vida del individuo. Estos Paradigmas se han identificado y entendido durante muchos años. La información sobre estos Paradigmas se ha utilizado principalmente para ayudar a las empresas a hacer dinero. Estos Paradigmas se han enseñado y utilizado por la autoridad para manipular a las personas para que crean lo que las autoridades quieren que la gente crea. Esta información se ha utilizado durante años para crear seminarios y libros de motivación positiva.

La información sobre estos Paradigmas, esta otra información sobre las formas en que funciona nuestro yo interior, son literalmente formas de conocernos literalmente a nosotros mismos. Nuestro Yo Interior. Y cuando nos conocemos a nosotros mismos, podemos elegir cambiar aspectos de nosotros mismos.

Los seres humanos son seres increíbles, complicados. Cada individuo es creado como un Ser Completo, con muchos aspectos diferentes. Desde la historia registrada, la gente ha estudiado el Ser Completo en todos sus diferentes aspectos. A medida que pasa el tiempo, se descubren más y más aspectos de nuestro Ser. Se están descubriendo nuevos aspectos a medida que pasa el tiempo mientras otros seres humanos buscan diferentes aspectos de los Seres Humanos.

Estos son algunos de los aspectos de nuestro Ser Interior que se conocen hoy, muchos de estos aspectos se conocen desde hace bastante tiempo y tal vez otros Seres Humanos descubran aspectos nuevos a medida que pasa el tiempo.

Subjetividad; El efecto del observador sobre lo observado.

Las peligrosas consecuencias de vivir nuestras vidas cuando nuestro yo interior es un misterio para nosotros.

S es el símbolo en la Física que significa Entropía.

La entropía puede describirse y aplicarse de numerosas formas a numerosas cosas naturales y creadas por el hombre en nuestras vidas. Se trata de un Desorden Estadístico (energía), una medida de la energía no disponible que existe en un sistema cerrado y que también suele considerarse una medida del Desorden del sistema. Es una propiedad del estado del Sistema y varía directamente con cualquier cambio reversible en el sistema. El grado de desorden o incertidumbre de un sistema. Es un ciclo natural de cualquier sistema con la intención de crecimiento continuo e Integridad para todo el sistema. Un proceso natural de degradación de la materia y la energía en el universo hasta un estado final de uniformidad inerte, un proceso de degradación o deterioro o una tendencia al desorden.

Cualquier sistema debe seguir creciendo. Incluso cuando se alcanza el éxito, el sistema ha cumplido su propósito y el propósito debe seguir por lo que el crecimiento es inevitable. El crecimiento, por definición, es continuo.

La Consciencia Humana y los Sistemas de Procesamiento de Información de la Personalidad son Dimensiones y tienen Ubicación.

Metaprogramas; Información, Procesamiento/compresión datos y procesos de Creación de Modelos.

Las Funciones y Funciones Abstractas del sentido se corresponden dimensionalmente.

Los humanos son sistemas abiertos.

Los Sistemas Abiertos están abiertos a la retroalimentación y tienen límites permeables y flexibles.

Los Sistemas Cerrados no están Abiertos a nueva retroalimentación, datos e información. Los sistemas cerrados son sistemas adictivos.

En la Naturaleza, el éxito se logra a través de la Autoorganización.

Cuando un Sistema Cerrado está en declive, entran en juego fuerzas naturales, su único objetivo es eliminar o levantar las restricciones que mantienen cerrado el sistema.

La estabilidad se vuelve disfuncional.

Un Sistema Cerrado solo puede duplicarse a sí mismo.

El caos es discontinuo y no lineal.

Anomalías, información que va en contra de las normas/creencias del sistema. Son defectos que ya forman parte del sistema desde el principio que impiden que el sistema crezca.

Símbolos, representaciones, formas de expresarse; El lenguaje hablado, escrito, las matemáticas, la música, la fotografía son algunos ejemplos de Símbolos.

Jerarquía de la Pirámide de Datos;

Sabiduría;

Conocimiento Información

Datos

Datos, los símbolos en sí.

Información, Organización de los Datos en patrones significativos (como matemáticas, física).

Conocimiento, La aplicación y uso del producto de la información. El conocimiento se basa en los modelos que formamos a partir de la experiencia y las teorías de otros.

Sabiduría, El uso perspicaz del Conocimiento, qué cuerpo de Conocimiento es mejor usar, dónde y cuándo. Ser Sabio significa que tiene un conocimiento elevado de todo el sistema.

MODELOS

Experiencia	Perceptiva
Comprender y	
Filtrar	de Teorías
y Discernimiento	

1) DATOS   2) INFORMACIÓN   3) CONOCIMIENTO
4) SABIDURÍA

El cambio progresivo es interminable, pequeños cambios en los comportamientos

El Cambio Transformador es un Cambio Impredecible y un Cambio Exponencial. Representa un Cambio de Nivel de Identidad.

Estructura de Transformación; Para cambiar por Naturaleza, Función, Condición:

3 puntos de transición 1); Punto de Éxito, 2) Punto de Bifurcación, 3) Punto de Cruce.

1. Éxito, Fin de la Fase de Formación, propósito cumplido.

2. Punto de Bifurcación, Fin de la Fase de Normalización, aparecen las Anomalías. El comienzo de la Curva de Transformación. (En busca de Nuevas Respuestas).

3. Punto de Cruce, Un nuevo Patrón de Éxito aparecerá repentinamente (Discontinuidad). Saltar la Curva, la Curva de Cambio.

1. La Edad/Era de la Integridad

2. La Edad/Era de la Luz

Haciendo las Cosas Correctamente. Haciendo las Cosas Correctas.

Solo el Sistema Completo puede volar.

Educar significa Sacar, no Verter.

1. Cualidades únicas, talentos de cada uno.

2. Un sentido de comunidad entre el individuo y su entorno, el hilo común que tienen entre sí y un vínculo con el mundo natural.

3. Un equilibrio y armonización de la individualidad única con un sentido de comunidad.

La integración es un proceso de unificación (Unidad). El ser humano Transforma e Integra por naturaleza. Su sentido inherente de lo correcto e incorrecto, de acuerdo con su propia naturaleza y determinado por ella.

La Modificación es un cambio importante y fundamental (como en el carácter o la condición) basado principalmente en la reordenación de los elementos existentes. Cambiar por acto o proceso, el orden lineal y el conjunto ordenado o disposiciones del carácter o las condiciones.

Un Salto Cuántico es una Transición abrupta (como de un electrón, un átomo y una molécula) de un estado de energía discreto a otro.

La Identidad y semejanza de carácter esencial o genético en diferentes instancias. Semejanza en todo lo que constituye la realidad objetiva de una cosa. Cualidad cuyo efecto es dejar inalterado el multiplicado (el número que se va a multiplicar por otro).

La comunicación es un proceso mediante el cual se intercambia información entre individuos a través de un sistema común de símbolos, señales o comportamientos, intercambio de información.

Los niños reflejan las necesidades negadas y los deseos reprimidos de los padres y hermanos.

Comunicación; El acto o proceso de transferencia de Datos.

Modelo de Sanación; dos enfoques; 1) Físico, 2) Espiritual:

1. Físico = Nutrición, Fitness, Mantenimiento de la Higiene Corporal.

2. Espiritual = Matriz del Sistema Corporal, Integración de Creencias, Sistemas Adictivos (Cerrados), Sistema Energético.

Lenguaje de las emociones en su relación con el Modelo Humano Holográfico. Matriz del Sistema Corporal:

1. Sistema Nervioso Central, Vista

2. Sistema Respiratorio, Sonido

3. Sistema Circulatorio, Tacto

4. Sistemas Muscular y Esquelético, Energía

5. Sistema Reproductor, Olfato

6. Sistema Digestivo, Gusto

Inocencia; En ningún sentido. La Inocencia genera más Inocencia.

La humillación es la estrategia definitiva de la limitación.

Las propiedades y características de nuestro ser natural no necesitan formarse o agregarse, solo expandirse. El Mundo Interior del Ser es diferente al Mundo Exterior del Hacer. Los seres humanos son buenos y merecedores por Naturaleza.

Modelos: forman representaciones internas de nuestras experiencias.

Un Modelo no es un Recuerdo, es una colección de Recuerdos.

La información de este libro se aplica a todo en tu vida y en tu ser. El hombre natural, por la misma naturaleza de la naturaleza de nuestro ser, es enemigo de Dios. El hombre natural es un enemigo de sí mismo. Estamos aquí para aprender a superar y este libro te ayuda a identificar qué superar en ti mismo. Este libro explica los caminos a superar a tu propio hombre natural.

La Teoría de la Transformación Humana Holográfica incluye la física, la ciencia, la religión y la medicina. Esta información puede llevarte a un nivel en el que quizás nunca te hayas atrevido a imaginar.

Disfruta tu viaje. No eres un misterio. Todo lo que necesitas para lograr todo lo que puedas imaginar en tu vida ya está contigo. Elimina tus creencias autolimitantes y comienza a Conocerte a Ti Mismo. Sánate a Ti Mismo. Conoce y Sana a los Demás.

Llegamos a la Tierra con dos miedos: la Caída y los Ruidos Fuertes. Las creencias autolimitantes nos impiden conocernos a nosotros mismos. Eliminar nuestro programa/modelos autolimitantes nos libera para ser seres ilimitados e increíbles. Ya somos increíbles, es el yo desconocido, misterioso, que nos impide darnos cuenta de esto. La Teoría de la Transformación Humana Holográfica es un manual para disfrutar nuestras vidas. El entorno es solo el espacio en el que residimos. Cuando el entorno es capaz de controlar nuestro ser interior, no conocemos nuestro propio ser interior. El espacio es infinito y debe tener acción (Energía) dentro de él para tener dimensión. La energía es una diferencia de potencial, pero a menudo vivimos en un entorno en el que aparentemente no hay diferencia de potencial. El tiempo, en sí mismo, coloca un factor en nuestro entorno y nuestro espacio. Incluso podríamos afectar el tiempo, simplemente actuando nosotros mismos. Somos los encargados de crear nuestras propias diferencias de potenciales independientemente del entorno en el que nos encontremos.

Me gustaría ofrecer mi gratitud y agradecimiento a Linda J Dimmick por todo su apoyo, paciencia y ayuda para poder escribir y armar este libro.

Linda es una mujer muy singular e inteligente con la capacidad de ver la diferencia en cualquier persona o situación determinada. Desde que la conocimos, hemos incorporado Medidas de Afecto Teóricamente Relativas (MATR). Linda ha ayudado a otros a ver más allá de sus visiones estándar. Cualquiera que conozca a Linda, la conoce por su dedicación y amor Cristiano.

Linda ha ayudado en la edición y corrección de mis libros, ha enseñado y ha ayudado a otros a comprender los conceptos. Con su título médico ha demostrado la correlación de esta información y la medicina. Tiene años de experiencia en medicina natural y herbología.

Linda Dimmick es fundadora de Medidas de Afecto, un centro de tratamiento de drogas y alcohol que opera desde 1993 en Utah. Recibió su Licenciatura en Enfermería en 1991 y ha dedicado su carrera al tratamiento de la salud mental y el abuso de sustancias. La experiencia y educación de Linda también incluye Herbología, Teoría Humana Holográfica y PNL. Con más de 24 años de experiencia, su experticia es respetada.

Linda ha sido un gran apoyo para toda mi investigación y trabajo. No estoy segura de dónde estaría hoy si no fuera por ella.

Gracias, Linda,

Sinceramente,

Janey Marvin

Para obtener información sobre otros libros, materiales, conferencias, capacitaciones o boletines, comuníquese con Janey Marvin en thejaneymarvin@gmail.com

www.ingramcontent.com/pod-product-compliance
Lightning Source LLC
Chambersburg PA
CBHW071612030726
47598CB00001B/244